Démarrer avec Microsoft 365 Copilot

Les Bases de l'IA Faciles

Marion Michel

Démarrer avec Microsoft 365 Copilot

Les Bases de l'IA Faciles

Publié par
Marion Michel

ISBN
9798281349826

Droits d'auteur

Avis de Non-Responsabilité :

TABLE DES MATIÈRES

INTRODUCTION

Bienvenue dans cette aventure à la découverte de Microsoft 365 Copilot ! Je m'appelle Marion Michel, et je suis ravie de vous accompagner dans vos premiers pas avec cet outil qui, j'en suis convaincue, peut vraiment simplifier votre quotidien numérique1.

Si vous tenez ce livre entre vos mains, c'est peut-être parce que vous avez entendu parler de Copilot dans votre entreprise, que vous avez vu cette nouvelle icône apparaître dans vos applications Microsoft habituelles, ou que vous êtes simplement curieux de comprendre ce qu'est cette "intelligence artificielle" dont tout le monde parle1. Vous vous demandez probablement : "Est-ce que je vais pouvoir comprendre ? Est-ce compliqué ? Par où commencer ?"

Je vous rassure tout de suite : ce livre a été pensé spécialement pour vous qui n'avez jamais utilisé Copilot auparavant. Vous n'avez besoin d'aucune connaissance préalable en informatique ou en intelligence artificielle1. Notre objectif est simple : vous permettre de comprendre les bases et de faire vos premiers pas en toute confiance.

Lorsque j'ai commencé à former des personnes à l'utilisation de Copilot, j'ai remarqué une chose : ce n'est pas la technologie elle-même qui pose problème, mais plutôt l'appréhension qu'elle suscite1. Cette crainte de l'inconnu, cette impression que l'IA est réservée aux experts ou aux jeunes générations. Rien n'est plus faux ! J'ai accompagné des centaines de personnes de tous âges et tous niveaux, et je peux vous assurer que chacun peut apprendre à utiliser Copilot pour des tâches simples du quotidien1.

Dans ce livre, je ne vais pas vous submerger de termes techniques ou de fonctionnalités complexes. Nous allons nous concentrer sur l'essentiel : comprendre ce qu'est Copilot, à quoi il sert concrètement, et comment l'utiliser pour quelques tâches simples mais utiles1. C'est comme apprendre à utiliser un nouvel appareil ménager : vous n'avez pas besoin de comprendre tous les détails techniques pour en tirer profit.

Vous découvrirez comment Copilot peut vous aider à rédiger plus facilement dans Word, à gérer vos emails dans Outlook, à comprendre rapidement des documents longs, ou encore à trouver des idées quand vous êtes bloqué1. Tout cela avec des explications simples et des exemples concrets, adaptés à la vie quotidienne.

J'ai structuré ce livre comme un parcours progressif. Nous commencerons par démystifier ce qu'est l'intelligence artificielle et Copilot, en termes simples et accessibles. Puis nous verrons comment repérer Copilot dans vos applications habituelles et comment lui "parler" - car oui, c'est un peu comme avoir une conversation avec un assistant1! Ensuite, nous passerons à la pratique avec des exemples concrets dans Word et Outlook. Et pour finir, nous explorerons comment continuer à progresser à votre rythme.

Ce qui me tient particulièrement à cœur, c'est de vous aider à dépasser cette première barrière, cette appréhension initiale qui peut bloquer l'apprentissage1. Je sais combien il peut être intimidant de se lancer dans quelque chose de nouveau, surtout quand on entend parler d'"intelligence artificielle" ! Mais je vous promets que, pas à pas, vous gagnerez en confiance et vous vous apercevrez que ce n'est pas si compliqué.

Pour tirer le meilleur parti de ce livre, je vous conseille de le lire près de votre ordinateur, pour pouvoir essayer directement les petites actions simples que je vous propose1. N'hésitez pas à avancer à votre propre rythme, à relire certains passages si nécessaire, et surtout à essayer par vous-même. C'est en pratiquant que vous apprendrez le mieux.

Souvenez-vous aussi que Copilot est là pour vous aider, pas pour vous remplacer1. Vous gardez toujours le contrôle. Voyez-le comme un assistant un peu novice, qui a besoin de vos instructions claires pour vous être utile. Il peut faire des erreurs, et c'est normal. Vous apprendrez aussi à repérer ces erreurs et à les corriger.

Je tiens à vous rassurer : vous ne pouvez pas "casser" quoi que ce soit en essayant Copilot1. Dans le pire des cas, si vous n'êtes pas satisfait du résultat, vous pouvez simplement l'ignorer ou essayer une nouvelle demande. C'est un espace sécurisé pour apprendre et expérimenter.

Tout au long de ce livre, je partagerai avec vous de petites anecdotes tirées de mon expérience de formatrice. Des situations où j'ai vu des personnes comme vous, initialement réticentes, s'émerveiller devant la simplicité et l'utilité de Copilot une fois qu'elles avaient franchi le pas1. Ces moments de déclic sont toujours gratifiants, et j'espère que vous vivrez aussi cette expérience.

Je pense notamment à Françoise, une assistante administrative de 58 ans, qui était persuadée que "ces trucs d'IA" n'étaient pas pour elle1. Après une heure de pratique simple, elle utilisait déjà Copilot pour résumer des documents et rédiger des réponses à des emails. Sa réaction ? "Mais pourquoi personne ne m'a expliqué que c'était aussi simple !"

Ou encore Jean-Pierre, retraité, qui voulait comprendre ce que ses petits-enfants appelaient "l'intelligence artificielle"1. En apprenant à utiliser Copilot pour quelques tâches basiques, il a non seulement satisfait sa curiosité, mais il a aussi trouvé un outil qui l'aide à rédiger ses courriers plus facilement.

Ces petites victoires sont à votre portée aussi. L'objectif n'est pas que vous deveniez un expert de Copilot ou de l'IA, mais simplement que vous vous sentiez à l'aise pour l'utiliser quand cela peut vous rendre service1.

Au fil des chapitres, nous aborderons progressivement différents aspects de Copilot, toujours avec le même souci de simplicité et de clarté. Nous commencerons par les notions les plus fondamentales avant d'explorer quelques cas d'usage pratiques.

Je suis convaincue que, quel que soit votre niveau de départ, vous trouverez dans ce livre les clés pour comprendre et utiliser Copilot avec confiance1. L'important est de garder l'esprit ouvert et de vous accorder le droit d'apprendre à votre rythme, sans pression ni jugement.

Alors, êtes-vous prêt à commencer cette aventure ensemble ? Tournez la page, et faisons connaissance avec ce nouvel assistant numérique qui n'attend que vos instructions pour vous simplifier la vie1.

Démystifier l'IA et Copilot :
Comprendre sans Complexité

Identifier et Surmonter Vos Craintes Initiales face à l'Intelligence Artificielle

Parler d'intelligence artificielle peut créer un sentiment d'appréhension immédiat. Je le vois régulièrement lors de mes formations : dès que je prononce les mots "IA", les épaules se crispent et les regards deviennent inquiets. Cette réaction est parfaitement naturelle et je tiens à vous dire que vous n'êtes pas seul à ressentir cela.

Les craintes face à l'intelligence artificielle prennent différentes formes et comprendre ces appréhensions constitue la première étape pour les surmonter. Prenons un moment pour les explorer ensemble.

La peur la plus courante concerne la complexité technique. Beaucoup pensent qu'il faut être un expert en informatique ou avoir des connaissances poussées en programmation pour utiliser l'IA. Cette idée reçue peut vraiment bloquer votre envie d'explorer ces nouveaux outils. La réalité est bien différente : les outils d'IA comme Copilot sont justement conçus pour être accessibles à tous, même aux personnes qui se sentent mal à l'aise avec la technologie.

Une autre inquiétude fréquente touche à la crainte de faire des erreurs. Vous redoutez peut-être de "casser quelque chose" en cliquant au mauvais endroit ou de générer du contenu inapproprié sans le vouloir. Cette peur du faux pas technologique peut être paralysante. Mais rassurez-vous, Copilot possède des garde-fous intégrés qui limitent considérablement les risques d'erreurs graves.

La peur de l'inconnu joue également un rôle important. Notre cerveau est naturellement méfiant face à ce que nous ne comprenons pas. Les médias qui parlent d'IA "qui pense" ou qui "prend des décisions" alimentent cette méfiance et créent une image mystérieuse, voire inquiétante. En réalité, l'IA fonctionne selon des principes beaucoup plus simples qu'on ne le laisse entendre.

Je rencontre aussi souvent des personnes préoccupées par la confidentialité de leurs données. Vous vous demandez peut-être : "Que fait Copilot avec mes informations ?" ou "Mes documents vont-ils être partagés avec d'autres ?" Ce sont des questions légitimes à l'ère du numérique où la protection des données est une préoccupation majeure pour tous.

Certains expriment également une crainte plus existentielle : celle d'être remplacé. "Si l'IA peut faire mon travail, à quoi vais-je servir ?" Cette inquiétude touche à notre sentiment d'utilité et de valeur. Je comprends profondément cette préoccupation qui va au-delà du simple outil technologique.

Face à ces différentes craintes, il existe heureusement des stratégies simples et efficaces pour les surmonter :

Démystifier ce qu'est réellement l'IA

Commençons par clarifier ce qu'est l'intelligence artificielle en termes simples. Oubliez les images de robots conscients des films de science-fiction. L'IA, et particulièrement Copilot, est simplement un outil programmé pour reconnaître des modèles dans de grandes quantités d'informations et générer des réponses basées sur ces modèles.

Imaginez un bibliothécaire qui aurait lu des millions de livres et qui pourrait rapidement retrouver des informations ou vous suggérer des idées basées sur toutes ses lectures. Copilot fonctionne un peu de cette manière : il a été "entraîné" sur d'énormes quantités de textes pour pouvoir générer des réponses pertinentes à vos questions ou demandes.

L'intelligence artificielle n'a pas de conscience, de sentiments ou d'intentions. Elle ne "pense" pas comme nous. Elle analyse des données et génère des résultats selon sa programmation. C'est un outil sophistiqué, mais qui reste un outil, comme une calculatrice très évoluée.

Adopter une approche progressive et rassurante

Pour apprivoiser Copilot sans stress, je vous suggère de procéder par petites étapes :

- Commencez par simplement observer l'interface sans rien faire, pour vous familiariser avec son apparence.

- Essayez ensuite une action toute simple, comme demander "Bonjour, comment vas-tu ?" pour voir la réponse.

- Progressez graduellement vers des tâches plus utiles mais toujours basiques.

- Célébrez chaque petite réussite comme une victoire sur votre appréhension.

Cette méthode progressive permet de construire votre confiance petit à petit, sans jamais vous sentir dépassé.

Se concentrer sur les bénéfices concrets

Une façon efficace de dépasser vos craintes consiste à vous concentrer sur ce que Copilot peut vous apporter concrètement :

- Du temps gagné sur des tâches répétitives ou fastidieuses

- Une aide pour démarrer un document quand vous êtes face à la page blanche

- Un assistant pour résumer des informations longues et complexes

- Un outil pour reformuler vos idées quand vous cherchez les bons mots

En gardant à l'esprit ces bénéfices pratiques, l'utilisation de Copilot devient moins intimidante et plus attrayante.

Comprendre la sécurité intégrée

Microsoft a conçu Copilot avec une attention particulière à la sécurité et à la confidentialité47. Voici quelques points importants à retenir :

- Vos données professionnelles restent dans l'environnement sécurisé de Microsoft 365

- Des protocoles de sécurité stricts protègent vos informations

- Vous gardez toujours le contrôle sur les suggestions générées

- Copilot s'utilise dans un cadre qui respecte la conformité au niveau de l'entreprise

Comprendre ces mesures de protection peut considérablement apaiser vos inquiétudes liées à la confidentialité.

Valoriser votre rôle irremplaçable

L'IA, y compris Copilot, est conçue pour augmenter vos capacités, pas pour vous remplacer. Elle excelle dans certaines tâches comme traiter rapidement de grandes quantités d'informations, mais elle manque cruellement de ce qui fait votre valeur unique :

- Votre jugement et votre expérience personnelle

- Votre créativité et votre intuition

- Votre intelligence émotionnelle et votre empathie

- Votre compréhension des nuances culturelles et contextuelles

C'est vous qui décidez quand et comment utiliser Copilot. Vous restez aux commandes, l'outil est là pour vous servir et non l'inverse.

Je me souviens de Claire, une assistante administrative de 54 ans qui participait à l'une de mes formations. Au début, elle était extrêmement réticente à l'idée d'utiliser Copilot. "Ça va être compliqué, je ne vais pas comprendre", me disait-elle. Sa crainte principale était de se sentir incompétente face à ce nouvel outil.

Nous avons commencé par des exercices très simples : demander à Copilot de résumer un court paragraphe, puis de suggérer une formule de politesse pour un email. À chaque petit succès, j'ai vu son visage s'illuminer. À la fin de la journée, elle utilisait Copilot pour rédiger des réponses à des emails et me confiait : "En fait, ce n'est pas Copilot qui fait mon travail, c'est moi qui utilise Copilot pour faire mon travail plus efficacement !"

Cette prise de conscience est exactement ce que je souhaite pour vous. Vos craintes face à l'intelligence artificielle sont légitimes, mais elles ne doivent pas vous priver des avantages que peut vous apporter un outil comme Copilot. En comprenant mieux ce qu'est réellement l'IA, en avançant à petits pas et en gardant à l'esprit les bénéfices concrets, vous pouvez transformer votre appréhension en curiosité, puis en confiance.

Dans la prochaine section, nous explorerons plus précisément ce qu'est Copilot et comment il peut s'intégrer simplement dans votre quotidien numérique. Vous verrez que derrière ce terme technique se cache un assistant bien plus accessible que vous ne l'imaginez.

SAISIR LE RÔLE SIMPLE DE COPILOT : VOTRE NOUVEL ASSISTANT PERSONNEL EXPLIQUÉ

Après avoir exploré vos craintes face à l'intelligence artificielle, prenons le temps de comprendre très simplement ce qu'est Microsoft 365 Copilot. Sans termes techniques ni concepts compliqués, voyons ensemble comment cet outil peut devenir votre allié au quotidien.

Imaginez Copilot comme un nouvel assistant qui vient d'arriver dans votre équipe. Cet assistant a lu énormément de documents, mémorisé beaucoup d'informations, mais il a besoin que vous lui disiez précisément ce que vous attendez de lui. Il est là pour vous aider, mais c'est vous qui restez le chef ou la cheffe d'orchestre. Voilà l'essence même de Copilot : un assistant numérique qui attend vos instructions pour vous faciliter certaines tâches.

La première chose à comprendre est que Copilot n'est pas une personne. Il ne réfléchit pas comme nous. Il ne comprend pas le monde comme nous. C'est un outil informatique qui a été entraîné sur d'énormes quantités de textes pour reproduire des modèles de langage humain. Sa force réside dans sa capacité à traiter rapidement ces informations et à générer du contenu basé sur ce qu'il a "appris".

Pour rendre cela plus concret, prenons une analogie simple. Si vous avez déjà utilisé la fonction de prédiction de texte sur votre téléphone portable, qui vous suggère le prochain mot lorsque vous tapez un message, vous avez déjà une petite idée de comment fonctionne Copilot, mais à une échelle bien plus grande et plus sophistiquée. Votre téléphone devine le prochain mot, Copilot peut deviner des phrases entières ou des paragraphes complets.

Le rôle principal de Copilot est de vous assister dans vos tâches quotidiennes liées à Microsoft 365. Il s'intègre aux applications que vous connaissez déjà, comme Word, Outlook, PowerPoint ou Excel, pour vous offrir une aide contextuelle. Mais quelle aide exactement? Voyons quelques exemples concrets.

Dans Word, Copilot peut vous aider à :

- Rédiger un premier brouillon d'un texte quand vous ne savez pas par où commencer

- Résumer un long document pour en extraire les points essentiels

- Reformuler un paragraphe que vous trouvez mal écrit ou pas assez clair

- Proposer des idées quand vous êtes face à la page blanche

Dans Outlook, votre assistant peut :

- Vous proposer une réponse à un email reçu

- Résumer les points clés d'un long échange de messages

- Vous aider à rédiger un message clair et concis

- Mettre en évidence les éléments importants d'un email

Cette aide n'est pas magique ni parfaite. Copilot génère des suggestions basées sur ce que vous lui demandez, et c'est toujours à vous d'évaluer si ces suggestions sont pertinentes et correctes. C'est un point crucial à retenir : Copilot est un assistant, pas un remplaçant.

Une question que l'on me pose souvent lors de mes formations est : "Mais comment Copilot sait-il ce que je veux?" La réponse est simple : il ne le sait pas intuitivement. Vous devez le lui dire, en formulant des demandes claires, que l'on appelle parfois des "prompts". Ces demandes sont simplement les instructions que vous donnez à Copilot pour qu'il comprenne ce que vous attendez de lui.

Par exemple, si vous êtes dans Word et que vous souhaitez rédiger une lettre de motivation, vous pouvez demander à Copilot : "Aide-moi à rédiger une lettre de motivation pour un poste d'assistant administratif, en mettant en avant mon expérience de 5 ans dans ce domaine." Plus votre demande est précise, plus la réponse de Copilot sera adaptée à vos besoins.

Le fonctionnement de Copilot peut être comparé à celui d'un GPS. Un GPS ne conduit pas la voiture à votre place, il vous guide. Il vous propose un itinéraire, mais c'est vous qui décidez si vous le suivez ou non. De la même façon, Copilot vous propose du contenu, mais c'est vous qui décidez de l'utiliser, de le modifier ou de l'ignorer complètement.

Cette analogie avec le GPS nous amène à un autre point important : comme un GPS, Copilot a besoin d'indications claires pour vous guider efficacement. Si vous dites simplement à votre GPS "Je veux aller quelque part de sympa", il ne saura pas où vous conduire. De même, si vous demandez vaguement à Copilot "Écris quelque chose de bien", sa réponse sera probablement très générique et peu utile.

Les capacités de Copilot sont variées, mais elles ont toutes un point commun : elles visent à vous faire gagner du temps et à simplifier votre travail. Il ne s'agit pas de remplacer votre créativité ou votre jugement, mais de vous libérer des tâches les plus répétitives ou fastidieuses pour que vous puissiez vous concentrer sur ce qui a vraiment de la valeur.

Prenons l'exemple de Marie, une assistante de direction avec qui j'ai travaillé. Chaque semaine, elle devait résumer une vingtaine de rapports d'activité pour sa directrice. Cette tâche lui prenait près d'une journée entière. En utilisant Copilot, elle a pu demander un résumé initial de chaque rapport, qu'elle vérifiait et ajustait ensuite. Ce processus lui a permis de réduire son temps de travail sur cette tâche de moitié, lui laissant plus de temps pour des activités où son expertise personnelle était vraiment nécessaire.

Un aspect important à comprendre est que Copilot n'a pas accès à Internet en temps réel. Il travaille avec les informations qui lui ont été fournies lors de son entraînement et avec les documents que vous lui montrez directement. C'est comme si votre assistant avait lu énormément de livres, mais ne pouvait pas aller chercher de nouvelles informations à la bibliothèque.

Cela signifie que Copilot a certaines limites. Il peut parfois donner des informations inexactes ou datées. Il peut aussi inventer des choses qui semblent plausibles mais qui sont fausses, ce qu'on appelle parfois des "hallucinations". C'est pourquoi il est essentiel de toujours vérifier les informations qu'il vous fournit, surtout pour des sujets importants ou spécialisés.

La vérification est un aspect crucial de votre collaboration avec Copilot. Pensez à lui comme à un stagiaire très motivé mais qui débute. Vous ne prendriez pas pour argent comptant tout ce qu'un stagiaire vous dit sans vérifier, n'est-ce pas? De même, considérez les suggestions de Copilot comme des points de départ, pas comme des vérités absolues.

Cette relation de collaboration entre vous et Copilot est au cœur de son utilité. Vous apportez votre expertise humaine, votre jugement, votre connaissance spécifique du contexte. Copilot apporte sa capacité à traiter rapidement de grandes quantités d'informations et à générer du contenu. Ensemble, vous pouvez accomplir plus que chacun séparément.

Je me souviens de Jean-Pierre, un cadre commercial proche de la retraite, qui était très sceptique lorsque son entreprise a déployé Copilot. "Je n'ai pas besoin d'un robot pour faire mon travail", disait-il. Mais après lui avoir montré comment utiliser Copilot pour résumer rapidement les longues spécifications techniques des produits qu'il vendait, sa perception a changé. "C'est comme avoir un assistant qui fait les tâches ennuyeuses pour que je puisse me concentrer sur la relation client", m'a-t-il confié plus tard.

Le rôle de Copilot dans votre quotidien numérique dépendra largement de vos besoins spécifiques et de votre familiarité avec les outils Microsoft 365. Certains l'utiliseront principalement pour la rédaction, d'autres pour la synthèse d'informations, d'autres encore pour générer des idées ou structurer leur pensée.

L'important est de garder à l'esprit que Copilot est un outil à votre service. Vous n'êtes pas obligé de l'utiliser pour tout, et vous pouvez commencer par de petites tâches simples pour vous familiariser avec son fonctionnement. Comme avec tout nouvel outil, il y a une courbe d'apprentissage, mais celle-ci est beaucoup moins abrupte qu'on pourrait le penser.

En résumé, Copilot est votre assistant numérique dans l'univers Microsoft 365. Il peut vous aider à rédiger, résumer, organiser et générer du contenu, mais c'est toujours vous qui gardez le contrôle. Il répond à vos demandes spécifiques et son efficacité dépend en grande partie de la clarté de vos instructions. Considérez-le comme un partenaire qui vous libère des tâches répétitives pour que vous puissiez vous concentrer sur ce qui compte vraiment.

Dans la prochaine section, nous verrons comment organiser votre apprentissage de Copilot étape par étape, sans stress et à votre rythme. Car comme pour tout nouvel outil, la clé est de progresser graduellement, en prenant le temps de se familiariser avec chaque fonctionnalité.

Votre Feuille de Route Simplifiée : De la Crainte à la Confiance avec Copilot

Visualiser Votre Parcours d'Apprentissage Pas à Pas vers Copilot

Vous connaissez certainement cette sensation d'être un peu perdu quand vous découvrez un nouvel outil. C'est comme arriver dans une ville inconnue sans carte ni guide. Pour vous éviter cette sensation déstabilisante avec Copilot, je vous propose une carte simple et claire : un parcours d'apprentissage structuré qui vous mènera, étape par étape, de la découverte initiale à une utilisation confortable.

L'apprentissage de toute nouvelle compétence devient beaucoup moins intimidant quand on le décompose en petites étapes progressives. C'est exactement ce que nous allons faire ensemble pour Copilot. Rien ne presse, vous avancerez à votre rythme, en prenant le temps nécessaire pour vous sentir à l'aise à chaque étape avant de passer à la suivante.

Votre parcours d'apprentissage avec Copilot s'articulera autour de cinq grandes phases, chacune conçue pour vous faire progresser en douceur :

- **Phase 1 : Observer sans agir** - Simplement repérer Copilot dans vos applications habituelles

- **Phase 2 : Essayer sans risque** - Faire vos premières tentatives dans un cadre sécurisé

- **Phase 3 : Pratiquer avec des exemples guidés** - Suivre des exemples concrets pas à pas

- **Phase 4 : Adapter à vos besoins** - Personnaliser l'utilisation selon vos propres besoins

- **Phase 5 : Intégrer naturellement** - Incorporer Copilot dans votre quotidien numérique

Cette progression graduelle vous permettra de bâtir une confiance solide, étape par étape. Voyons maintenant plus en détail comment chacune de ces phases se déroulera.

La première phase, "Observer sans agir", est cruciale car elle vous permet de vous familiariser avec Copilot sans aucune pression. Pendant cette phase, votre objectif est simplement de repérer où se trouve l'icône Copilot dans vos applications Microsoft 365 habituelles comme Word ou Outlook. Vous n'avez rien à faire d'autre que noter mentalement sa présence.

Cette phase d'observation peut sembler minime, mais elle est psychologiquement importante. En repérant simplement l'outil sans vous sentir obligé de l'utiliser immédiatement, vous commencez à vous habituer à sa présence. C'est comme passer régulièrement devant un nouveau restaurant dans votre quartier avant de vous décider à y entrer. Vous vous familiarisez avec lui, il devient moins étranger.

La deuxième phase, "Essayer sans risque", marque votre premier pas actif vers l'utilisation de Copilot. Je vous recommande de commencer par des actions extrêmement simples et sans conséquence, comme demander à Copilot de se présenter ou de vous expliquer ce qu'il peut faire pour vous.

Ces premiers essais peuvent être faits dans un document brouillon que vous n'avez pas l'intention de sauvegarder ou de partager. Ainsi, vous pouvez expérimenter sans craindre de "casser" quoi que ce soit ou de commettre une erreur embarrassante. L'objectif ici est simplement de vous habituer à interagir avec Copilot, de voir comment fonctionne l'interface, comment poser une question et comment une réponse apparaît.

La phase d'essai sans risque est comparable à vos premiers tours sur un vélo avec les petites roues : vous vous habituez au mouvement sans crainte de tomber. De même, ces premiers essais avec Copilot vous permettent d'apprivoiser l'outil en toute sécurité.

La troisième phase, "Pratiquer avec des exemples guidés", est celle où vous commencez à utiliser Copilot pour des tâches concrètes mais toujours très simples. Dans cette phase, je vous proposerai des exemples précis à suivre pas à pas, comme demander à Copilot de résumer un petit paragraphe ou de suggérer une formulation pour un email simple.

En suivant ces exemples guidés, vous vous familiariserez avec différentes façons d'utiliser Copilot dans des contextes réels. C'est un peu comme apprendre à cuisiner en suivant d'abord des recettes très détaillées avant de vous lancer dans vos propres créations culinaires. Ces exemples structurés vous donnent un cadre rassurant pour explorer les fonctionnalités de base.

L'avantage de cette approche est que vous n'avez pas à réfléchir à ce que vous pourriez demander à Copilot - je vous fournis des exemples précis que vous pouvez reproduire tels quels. Cela enlève une grande partie de l'anxiété liée à la page blanche, à ce moment où l'on se demande "Mais qu'est-ce que je pourrais bien lui demander?"

La quatrième phase, "Adapter à vos besoins", commence lorsque vous vous sentez à l'aise avec les exemples guidés. C'est le moment d'adapter ces exemples à des situations qui vous concernent personnellement. Par exemple, si vous avez suivi un exemple pour résumer un texte fourni, vous pouvez maintenant essayer de résumer un document qui vous intéresse réellement.

Cette phase d'adaptation est essentielle car elle vous aide à voir comment Copilot peut s'intégrer dans votre travail ou vos activités personnelles. Vous commencez à percevoir sa valeur concrète dans votre quotidien. Vous passez de l'exercice abstrait à l'utilisation pratique, ce qui renforce votre motivation à continuer d'apprendre.

La personnalisation est aussi le moment où vous commencez à développer votre propre "style" d'interaction avec Copilot. Vous découvrez quels types de demandes fonctionnent le mieux pour vous, comment formuler vos questions pour obtenir les réponses les plus utiles, et quelles tâches vous trouvez particulièrement pertinentes à confier à cet assistant.

Enfin, la cinquième phase, "Intégrer naturellement", représente le moment où l'utilisation de Copilot devient une partie fluide de votre routine numérique. Vous ne pensez plus consciemment "Je vais utiliser Copilot maintenant" - vous l'utilisez spontanément lorsque cela semble approprié, comme vous utiliseriez n'importe quel autre outil familier.

Cette intégration naturelle ne signifie pas que vous utiliserez Copilot pour tout. Il s'agit plutôt de l'utiliser de manière sélective, pour les tâches où il apporte une réelle valeur ajoutée. Vous aurez développé un instinct pour savoir quand Copilot peut vous faire gagner du temps ou vous aider à surmonter un blocage.

Pour rendre ce parcours d'apprentissage encore plus concret, je vous suggère quelques repères temporels flexibles. Ces repères ne sont pas des délais stricts, mais plutôt des suggestions pour vous aider à progresser à un rythme confortable :

- **Semaine 1** : Phase d'observation - Repérez simplement Copilot dans vos applications

- **Semaine 2** : Premiers essais sans risque - 5 à 10 minutes par jour suffisent

- **Semaines 3-4** : Pratique guidée - Essayez un ou deux exemples par semaine

- **Semaines 5-6** : Adaptation personnelle - Intégrez une tâche Copilot par semaine dans votre travail réel

- **Au-delà** : Intégration naturelle - Utilisez Copilot quand cela vous semble utile

Ces repères sont délibérément étalés sur plusieurs semaines pour vous laisser le temps d'assimiler chaque étape sans précipitation. La patience est votre alliée dans ce parcours d'apprentissage.

Je vous encourage vivement à célébrer vos petites victoires tout au long de ce parcours. La première fois que vous obtenez une réponse utile de Copilot, la première fois que vous utilisez sa suggestion dans un vrai document, la première fois que vous pensez spontanément à lui demander de l'aide... Chacun de ces moments représente un pas significatif dans votre progression.

Un élément crucial pour soutenir votre apprentissage est la création d'un environnement sécurisé où vous vous sentez libre d'expérimenter. Voici quelques suggestions pratiques pour créer cet espace d'apprentissage :

- Créez un dossier spécifique pour vos documents d'entraînement

- Réservez quelques minutes tranquilles dans votre journée pour pratiquer

- Si possible, utilisez d'abord Copilot sur des documents ou emails non critiques

- Gardez ce livre à portée de main comme référence rassurante

L'approche progressive que je vous propose évite délibérément le piège de vouloir tout apprendre d'un coup. Mon expérience de formatrice m'a montré que les personnes qui tentent d'absorber trop d'informations en une seule fois finissent souvent par se sentir dépassées et abandonnent.

Je me souviens particulièrement de Michel, un comptable de 59 ans qui participait à l'une de mes formations. Au début, il voulait absolument comprendre toutes les possibilités de Copilot en une seule journée. Sa frustration était palpable quand il se sentait submergé par les informations. Je l'ai encouragé à ralentir et à se concentrer d'abord sur une seule utilisation simple : demander à Copilot de résumer des notes de réunion. En se donnant la permission d'avancer plus lentement, sa confiance a grandi progressivement, et après quelques semaines, il utilisait Copilot quotidiennement pour plusieurs tâches différentes.

Cette histoire illustre parfaitement pourquoi il est préférable de maîtriser parfaitement une fonction simple avant de passer à la suivante. C'est la qualité de votre apprentissage qui compte, pas la vitesse à laquelle vous progressez.

Un autre aspect important de votre parcours d'apprentissage est la gestion des inévitables moments de frustration. Il est tout à fait normal de rencontrer des difficultés occasionnelles, comme une réponse de Copilot qui ne correspond pas à vos attentes ou une fonctionnalité qui ne semble pas fonctionner comme prévu.

Ces moments ne sont pas des échecs mais des opportunités d'apprentissage. Ils vous aident à mieux comprendre les capacités et les limites de l'outil. Quand vous rencontrez une difficulté, prenez une courte pause, puis essayez de formuler votre demande différemment ou consultez la section correspondante de ce livre pour voir si vous avez manqué une étape.

La visualisation mentale peut être un outil puissant dans votre parcours d'apprentissage. Prenez quelques instants pour vous imaginer en train d'utiliser Copilot avec aisance, obtenant des résultats utiles qui vous font gagner du temps dans votre quotidien. Cette projection positive peut renforcer votre motivation et diminuer votre appréhension.

Le parcours que je vous propose n'est pas une ligne droite parfaite. Il y aura des jours où vous ferez de grands progrès et d'autres où vous aurez l'impression de piétiner. C'est parfaitement normal et cela fait partie de tout processus d'apprentissage. L'important est de maintenir une progression globale, même si elle comporte quelques détours.

Un des avantages de cette approche progressive est qu'elle vous permet de construire une relation équilibrée avec Copilot. Vous apprenez à voir cet outil pour ce qu'il est vraiment : ni une solution magique qui résoudrait tous vos problèmes, ni une technologie intimidante qui vous dépasserait. C'est simplement un assistant numérique avec ses forces et ses limites, que vous apprenez à utiliser de manière judicieuse.

Dans la prochaine section, nous allons définir plus précisément votre objectif personnel avec Copilot. Car si le parcours est important, la destination l'est tout autant : nous allons clarifier ce que signifie concrètement pour vous "gagner en confiance pour utiliser Copilot facilement". Cette vision claire de votre objectif vous servira de boussole tout au long de votre apprentissage.

DÉFINIR VOTRE OBJECTIF : GAGNER EN CONFIANCE POUR UTILISER COPILOT FACILEMENT

Se fixer un objectif clair est essentiel pour tout apprentissage. Comme un voyageur qui consulte sa carte avant de partir, vous avez besoin de savoir où vous allez pour avancer sereinement. Avec Copilot, votre destination n'est pas de devenir un expert en intelligence artificielle ou de maîtriser toutes ses fonctionnalités, mais simplement de gagner suffisamment de confiance pour l'utiliser quand cela peut vous être utile.

La notion même de "confiance" peut sembler abstraite. Que signifie concrètement "avoir confiance" dans l'utilisation de Copilot ? Je vous propose de définir ensemble à quoi ressemble cette confiance en pratique, pour que vous puissiez reconnaître vos progrès et savoir quand vous avez atteint votre objectif.

Avoir confiance avec Copilot, c'est avant tout ne plus ressentir d'appréhension lorsque vous voyez son icône dans vos applications Microsoft 365. C'est pouvoir cliquer dessus sans cette petite hésitation ou cette légère anxiété que l'on ressent face à l'inconnu. C'est un peu comme apprendre à nager : au début, vous hésitez à entrer dans l'eau, puis un jour, vous réalisez que vous y plongez sans même y penser.

La confiance se manifeste aussi par la capacité à formuler une demande simple sans vous interroger pendant dix minutes sur la façon de la rédiger parfaitement. Vous écrivez naturellement ce dont vous avez besoin, comme vous le feriez dans une conversation avec un collègue. "Résume ce paragraphe", "Aide-moi à rédiger un email de remerciement", des phrases simples et directes que vous tapez sans stress.

Un signe tangible de votre progression sera le moment où vous penserez spontanément à Copilot face à certaines situations. Vous recevez un long document à lire ? Votre première pensée pourrait être : "Je vais demander à Copilot de me faire un résumé." Cette réaction naturelle indique que l'outil commence à s'intégrer dans votre boîte à outils mentale.

Un autre marqueur important de confiance est de ne plus craindre de "casser quelque chose" en utilisant Copilot. Vous comprenez que poser une question ou demander une suggestion n'est pas risqué, et que vous gardez toujours le contrôle sur ce que vous choisissez d'utiliser ou non. C'est vous qui décidez si la réponse générée vous convient ou si vous préférez essayer une autre approche.

Pour rendre votre objectif plus concret et mesurable, je vous propose de vous fixer des "mini-victoires" à atteindre, des jalons qui marqueront votre progression vers cette confiance :

- **Mini-victoire 1 : Premier contact** - Ouvrir Copilot dans Word ou Outlook et lui demander simplement "Bonjour, que peux-tu faire pour moi ?"

- **Mini-victoire 2 : Première aide pratique** - Utiliser Copilot pour résumer un court paragraphe dans un document

- **Mini-victoire 3 : Première création** - Demander à Copilot de vous aider à rédiger un court message ou une liste simple

- **Mini-victoire 4 : Premier ajustement** - Demander à Copilot de modifier ou d'améliorer quelque chose qu'il a généré initialement

- **Mini-victoire 5 : Première utilisation spontanée** - Penser par vous-même à utiliser Copilot face à une situation où il pourrait vous aider

Ces petites étapes sont comme des marches d'escalier qui vous mèneront progressivement à votre objectif. Chacune d'elles représente un progrès significatif et mérite d'être célébrée, même simplement par un sourire de satisfaction.

La définition de votre objectif personnel avec Copilot doit aussi tenir compte de vos besoins spécifiques. L'utilisation que vous ferez de cet outil dépendra grandement de votre quotidien professionnel ou personnel. Prenez un moment pour réfléchir : quelles sont les tâches qui vous prennent du temps ou vous semblent fastidieuses dans votre utilisation de Word ou Outlook ? C'est là que Copilot pourra vous être le plus utile.

Pour certains, l'objectif sera de gagner du temps dans la rédaction d'emails professionnels. Pour d'autres, ce sera de simplifier la création de documents structurés dans Word. D'autres encore chercheront de l'aide pour comprendre rapidement des documents longs ou complexes. Votre objectif personnel dépendra de vos propres défis quotidiens.

Le parcours vers la confiance avec Copilot n'est pas linéaire. Il y aura des jours où vous vous sentirez à l'aise et d'autres où vous aurez l'impression de régresser. C'est parfaitement normal et cela fait partie de tout processus d'apprentissage. L'important est de ne pas vous décourager face aux petites difficultés et de célébrer chaque progrès, aussi modeste soit-il.

Je me souviens de Patricia, une assistante de direction de 52 ans, qui définissait son objectif simplement comme "ne plus avoir peur de cliquer sur ce bouton Copilot". Après quelques semaines de pratique progressive, elle m'a confié en souriant : "Maintenant, non seulement je n'ai plus peur de cliquer, mais je suis déçue quand je ne vois pas l'icône dans certaines applications !" Son parcours illustre parfaitement cette évolution de la crainte vers la confiance.

Pour vous aider à définir plus précisément votre objectif personnel, voici quelques questions que vous pouvez vous poser :

- Quelle est la tâche que je trouve la plus fastidieuse dans Word ou Outlook actuellement ?

- Quel est mon niveau de confort actuel avec la technologie en général ?

- Dans quelles situations professionnelles ou personnelles un assistant comme Copilot pourrait-il m'être le plus utile ?

- Quel serait pour moi le premier signe tangible que j'ai dépassé mon appréhension initiale ?

- À quelle fréquence est-ce que j'utilise déjà Word ou Outlook dans mon quotidien ?

Les réponses à ces questions vous aideront à personnaliser votre objectif et à définir ce que signifie "gagner en confiance" dans votre contexte spécifique.

Un aspect important à garder à l'esprit est que votre objectif n'est pas de remplacer vos compétences actuelles par Copilot, mais de les compléter. Vous ne cherchez pas à devenir dépendant de cet outil, mais à l'utiliser comme un assistant qui vous facilite certaines tâches. Votre expertise, votre jugement et votre créativité restent irremplaçables.

Fixez-vous un horizon temporel réaliste pour atteindre votre objectif. Rome ne s'est pas construite en un jour, comme on dit. Donnez-vous quelques semaines pour progresser graduellement. Certaines personnes se sentiront à l'aise avec Copilot après quelques jours seulement, d'autres auront besoin d'un mois ou plus. Chacun avance à son rythme, et c'est parfaitement normal.

Pour concrétiser davantage votre objectif, je vous encourage à l'écrire quelque part, peut-être dans un carnet ou sur une note collée à votre écran. Cette trace écrite renforce votre engagement et vous rappelle ce vers quoi vous tendez. Vous pourriez par exemple écrire : "D'ici trois semaines, je serai capable d'utiliser Copilot pour m'aider à rédiger mes emails sans hésitation ni appréhension."

La visualisation peut aussi être un outil puissant pour vous aider à atteindre votre objectif. Prenez quelques instants pour vous imaginer en train d'utiliser Copilot avec aisance, de voir les résultats positifs que cela vous apporte, comme un gain de temps ou une réduction de stress face à certaines tâches. Cette projection mentale positive prépare votre esprit à accueillir le changement.

Au fil de votre progression, n'hésitez pas à ajuster votre objectif. Peut-être découvrirez-vous de nouvelles utilisations de Copilot auxquelles vous n'aviez pas pensé initialement. Ou peut-être constaterez-vous que certains aspects vous intéressent plus que d'autres. Votre parcours d'apprentissage est flexible et doit s'adapter à vos découvertes.

Souvenez-vous que la perfection n'est pas l'objectif. Vous n'avez pas besoin de maîtriser chaque fonctionnalité de Copilot ni de comprendre tous les détails techniques de son fonctionnement. Vous cherchez simplement à atteindre un niveau de confort qui vous permet d'utiliser cet outil quand il peut vous être utile, sans stress ni hésitation excessive.

Dans la suite de ce livre, nous explorerons ensemble les bases essentielles de Copilot qui vous permettront d'atteindre votre objectif de confiance. Nous commencerons par repérer Copilot dans vos applications habituelles, puis nous apprendrons à lui parler efficacement, avant de passer à des exemples pratiques dans Word et Outlook. Chaque chapitre est conçu comme une petite étape qui vous rapproche de votre destination finale : une utilisation sereine et bénéfique de cet assistant numérique.

1. PREMIERS PAS AVEC COPILOT : VOTRE KIT DE DÉMARRAGE ESSENTIEL

Maintenant que nous avons démystifié l'intelligence artificielle et posé les bases de votre parcours d'apprentissage, nous voilà prêts à passer à l'action concrète. Ce chapitre marque le début de votre aventure pratique avec Copilot. Si jusqu'ici nous avons parlé des concepts et des approches, nous allons désormais mettre les mains à la pâte, comme un cuisinier qui, après avoir lu la recette, commence à préparer les ingrédients.

Les outils numériques peuvent parfois ressembler à une boîte remplie d'instruments mystérieux, chacun avec sa fonction spécifique que seuls les initiés semblent comprendre. Pour éviter cette sensation déroutante avec Copilot, je vais vous constituer un véritable "kit de démarrage" simple et essentiel. Comme un petit nécessaire de voyage qui ne contient que l'indispensable, ce kit vous permettra de faire vos premiers pas en toute sérénité.

Votre kit de démarrage avec Copilot se compose de plusieurs éléments fondamentaux que nous explorerons ensemble dans ce chapitre. Ces éléments forment ensemble les bases solides sur lesquelles vous pourrez construire votre confiance et votre compétence.

Le premier élément de votre kit est la capacité à repérer facilement Copilot dans vos applications habituelles. Savoir où se trouve cet outil dans Word ou Outlook est comparable à savoir où se trouve l'interrupteur d'une nouvelle lampe : c'est la première étape pour pouvoir l'utiliser. Nous verrons ensemble, avec des explications simples et des repères visuels clairs, comment identifier l'icône Copilot et comment y accéder.

Le deuxième élément essentiel concerne la compréhension des aides concrètes que Copilot peut vous offrir. Avant de demander quoi que ce soit à votre assistant, il est utile de savoir ce qu'il peut faire pour vous. Nous examinerons les quelques fonctionnalités de base, les plus simples et les plus utiles, qui pourront vous rendre service immédiatement dans votre quotidien numérique.

Le troisième composant de votre kit est l'art de formuler des demandes claires à Copilot. Communiquer avec cet assistant requiert un petit apprentissage, comme apprendre à donner des indications précises à un nouveau collègue. Nous verrons comment "parler" à Copilot de manière simple et efficace, pour qu'il comprenne exactement ce que vous attendez de lui.

Enfin, le dernier élément de ce kit de démarrage vous permettra de créer vos toutes premières demandes et d'obtenir des résultats utiles. C'est le moment où la théorie se transforme en pratique, où vous passerez de l'observation à l'action, même minime. Comme un enfant qui fait ses premiers pas en tenant la main d'un adulte, vous ferez vos premières requêtes avec mon accompagnement pas à pas.

L'objectif de ce chapitre n'est pas de vous transformer en expert de Copilot. Il vise plutôt à vous donner les quelques outils fondamentaux qui vous permettront de commencer à l'utiliser, sans stress et avec un sentiment de sécurité. C'est comme apprendre les trois ou quatre accords de base à la guitare qui permettent déjà de jouer des chansons simples.

Mon approche pédagogique dans ce chapitre restera fidèle à ma promesse : tout expliquer simplement, étape par étape, sans jargon technique. Je pars du principe que vous découvrez Copilot pour la première fois, et que chaque notion, même celle qui peut paraître évidente pour d'autres, mérite d'être expliquée clairement.

L'utilisation de Copilot repose sur quelques principes de base que nous allons découvrir ensemble. Ces principes forment une sorte de cadre que vous pourrez ensuite appliquer à différentes situations :

- **La localisation** : Savoir où trouver Copilot dans vos applications

- **L'intention** : Définir clairement ce que vous voulez accomplir

- **La formulation** : Exprimer votre demande de manière simple et précise

- **L'évaluation** : Examiner la réponse et décider comment l'utiliser

Ces quatre principes constituent la colonne vertébrale de toute interaction réussie avec Copilot. Nous les explorerons un par un dans ce chapitre, en les illustrant par des exemples concrets et des exercices simples que vous pourrez reproduire.

Une question que l'on me pose souvent lors de mes formations est : "Par où commencer exactement?" Cette interrogation traduit une hésitation bien naturelle face à un nouvel outil. La bonne nouvelle, c'est que le point de départ avec Copilot est plus simple que vous ne le pensez. Il suffit de repérer l'icône dans votre application et de cliquer dessus pour ouvrir la voie à une conversation avec votre assistant.

Je me souviens de Bernard, un directeur commercial de 58 ans, qui était particulièrement anxieux à l'idée d'utiliser Copilot. "Je vais faire une erreur, c'est sûr," répétait-il. Pour le rassurer, je lui ai montré qu'il pouvait simplement ouvrir un document Word vierge, cliquer sur l'icône Copilot, et demander "Bonjour, que peux-tu faire pour moi?" Ce premier contact, sans risque et sans pression, a été pour lui une révélation. "C'est comme envoyer un message à quelqu'un," m'a-t-il dit avec soulagement.

Cette simplicité d'approche est exactement ce que je souhaite vous transmettre. Vous n'avez pas besoin de préparer quoi que ce soit de complexe pour vos premiers pas avec Copilot. Une simple curiosité et la volonté d'essayer suffisent pour commencer.

Pour tirer le meilleur parti de ce chapitre, je vous suggère d'avoir votre ordinateur à portée de main, avec Microsoft Word ou Outlook ouvert. Ainsi, vous pourrez immédiatement mettre en pratique ce que vous apprenez. L'apprentissage actif, où vous essayez par vous-même au fur et à mesure, est beaucoup plus efficace qu'une lecture passive.

Si vous vous sentez nerveux à l'idée de tester Copilot sur vos documents de travail réels, je vous recommande de créer un document "brouillon" spécifiquement pour vos essais. Cela vous donnera un espace sécurisé où vous pourrez expérimenter sans craindre de perturber votre travail habituel.

Une métaphore que j'aime utiliser pour décrire les premiers pas avec Copilot est celle de l'apprentissage d'une nouvelle danse. Les premiers mouvements peuvent sembler maladroits, vous pourriez vous sentir un peu gauche ou incertain. C'est parfaitement normal. Avec un peu de pratique, ces mouvements deviendront plus fluides et naturels, jusqu'à ce que vous n'ayez plus besoin d'y penser consciemment.

Dans les sections suivantes de ce chapitre, nous allons découvrir ensemble, pas à pas, comment repérer Copilot dans vos applications, comprendre ce qu'il peut faire pour vous, formuler vos premières demandes et évaluer les réponses obtenues. Chaque section est conçue pour être simple, directe et immédiatement applicable.

N'oubliez pas que votre objectif ici n'est pas de devenir un expert en une seule session. Il s'agit plutôt de vous familiariser progressivement avec Copilot, de gagner en confiance petit à petit, et de découvrir comment cet outil peut s'intégrer naturellement dans votre quotidien numérique.

Je vous invite maintenant à tourner la page pour commencer votre exploration pratique de Copilot, en commençant par la première étape fondamentale : savoir où le trouver dans vos applications habituelles. Comme pour toute nouvelle destination, connaître l'adresse est la première étape du voyage. Prenez une profonde respiration, et rappelons-nous que chaque expert a commencé un jour par être débutant. Votre parcours de découverte commence maintenant, et je suis là pour vous guider à chaque étape.

1.1 Intégrer Copilot dans Votre Univers Microsoft 365 Familier

1.1.1 Repérer Facilement Copilot dans Vos Applications Microsoft Quotidiennes

Le premier défi quand on découvre un nouvel outil, c'est tout simplement de savoir où le trouver ! C'est comme avec une nouvelle application sur votre téléphone : avant de pouvoir l'utiliser, vous devez d'abord la localiser sur votre écran. Copilot fonctionne de la même façon dans l'univers Microsoft 365, et je vais vous montrer précisément où le repérer dans vos applications habituelles.

L'icône de Copilot a été conçue pour être facilement reconnaissable une fois que vous savez à quoi elle ressemble. Elle représente une sorte de petit personnage stylisé, un peu comme un astronaute simplifié ou une petite silhouette avec un casque. Cette icône est votre point d'entrée vers toutes les fonctionnalités de Copilot, et elle est placée à des endroits stratégiques dans vos applications Microsoft.

Commençons par Microsoft Word, l'application de traitement de texte que vous utilisez probablement souvent. Quand vous ouvrez Word, regardez en haut de votre écran, dans la barre d'outils principale. Vous devriez voir l'icône Copilot à droite, près de votre nom d'utilisateur ou de votre photo de profil. Elle se trouve généralement dans le coin supérieur droit de l'interface. Si vous ne la voyez pas immédiatement, ne vous inquiétez pas, elle peut parfois être placée légèrement différemment selon la version exacte de Word que vous utilisez.

Dans Outlook, votre application de messagerie, l'icône Copilot se trouve également dans la partie supérieure de l'écran. Lorsque vous ouvrez Outlook, regardez en haut à droite de la fenêtre. Vous devriez voir l'icône Copilot au même endroit que dans Word, près de votre profil. Dans certaines versions d'Outlook, vous pourrez aussi retrouver cette icône lorsque vous rédigez un nouvel email ou que vous répondez à un message.

Pour PowerPoint, l'application de présentations, l'emplacement est similaire. Cherchez l'icône dans la partie supérieure droite de l'écran lorsque vous avez ouvert une présentation. Là encore, elle se situe généralement près de votre profil utilisateur, bien visible dans la barre d'outils principale.

Excel suit la même logique : l'icône Copilot se trouve en haut à droite de votre écran quand vous ouvrez un classeur. La cohérence de placement entre ces différentes applications est volontaire, pour vous permettre de retrouver facilement Copilot quel que soit l'outil Microsoft que vous utilisez.

Si vous avez du mal à repérer l'icône, voici quelques astuces pratiques :

- **Vérifiez les mises à jour** : Assurez-vous que vos applications Microsoft 365 sont à jour. Copilot est une fonctionnalité récente, et il est possible que vous ne le voyiez pas si votre version est ancienne.

- **Cherchez dans les menus** : Dans certaines configurations, Copilot peut être accessible via le menu "Aide" ou via un onglet spécifique intitulé "Copilot".

- **Demandez à votre service informatique** : Si vous utilisez Microsoft 365 dans un cadre professionnel, il est possible que Copilot ait besoin d'être activé par votre service informatique.

Une autre façon de repérer Copilot est de prêter attention aux moments où il vous propose spontanément son aide. Par exemple, dans Word, vous remarquerez parfois une petite fenêtre qui s'ouvre sur le côté droit de votre document, avec des suggestions de Copilot basées sur ce que vous êtes en train de faire. C'est une autre façon d'accéder à cet assistant.

La présence visuelle de Copilot ne se limite pas à son icône principale. Dans certaines applications, vous pouvez également voir apparaître des suggestions ou des boutons spécifiques liés à Copilot directement dans votre zone de travail. Par exemple, lorsque vous recevez un long email dans Outlook, vous pourriez voir apparaître une option "Résumer avec Copilot" juste au-dessus du contenu de l'email.

L'observation attentive de ces différents points d'entrée est une étape importante de votre familiarisation avec Copilot. Prenez simplement le temps de repérer ces éléments visuels sans nécessairement cliquer dessus tout de suite. C'est comme lorsque vous visitez une nouvelle ville : avant de vous aventurer dans les ruelles, vous repérez d'abord les grands monuments qui vous serviront de points de repère.

Une fois que vous avez repéré l'icône Copilot, vous vous demandez peut-être ce qui se passe lorsque vous cliquez dessus. La réponse varie légèrement selon l'application que vous utilisez, mais le principe général reste le même. Un clic sur l'icône Copilot ouvre généralement un panneau latéral sur le côté droit de votre écran. Ce panneau contient une zone de texte où vous pouvez taper vos demandes, un peu comme dans une fenêtre de messagerie instantanée.

Prenons un exemple concret dans Word. Lorsque vous cliquez sur l'icône Copilot, un panneau s'ouvre sur la droite. En haut de ce panneau, vous verrez probablement un message de bienvenue et quelques suggestions de ce que vous pourriez demander à Copilot. En dessous, vous trouverez une zone de texte où vous pouvez taper votre propre demande.

Dans Outlook, le fonctionnement est similaire. Un clic sur l'icône Copilot ouvre un panneau latéral qui vous permet d'interagir avec l'assistant. Si vous êtes en train de lire un email, Copilot pourrait vous proposer directement des options comme "Résumer cet email" ou "Rédiger une réponse".

La constance de cette interface est rassurante : une fois que vous savez comment accéder à Copilot dans une application, vous saurez le faire dans les autres. C'est un peu comme apprendre à utiliser le bouton d'appel sur différents modèles de téléphones : l'emplacement peut varier légèrement, mais la fonction reste la même.

Pour consolider votre capacité à repérer Copilot, je vous propose un petit exercice pratique : prenez cinq minutes pour ouvrir successivement Word, Outlook et PowerPoint (si vous les avez), et identifiez l'icône Copilot dans chacune de ces applications. Ne cliquez pas dessus pour l'instant, contentez-vous de la repérer. Cet exercice simple vous aidera à mémoriser l'emplacement de l'icône et à vous sentir plus à l'aise avec sa présence dans votre environnement numérique quotidien.

Une question que l'on me pose souvent concerne la disponibilité de Copilot sur différents appareils. Si vous utilisez Microsoft 365 sur plusieurs appareils, comme un ordinateur de bureau et un ordinateur portable, ou même sur une tablette, vous vous demandez peut-être si Copilot est accessible partout de la même façon. La bonne nouvelle est que Copilot est généralement disponible sur tous les appareils où vous avez installé Microsoft 365, à condition que votre abonnement inclue cette fonctionnalité et que votre appareil exécute une version récente des applications.

Sur les applications mobiles Microsoft (pour smartphones et tablettes), l'accès à Copilot peut être légèrement différent. Sur ces versions, l'icône se trouve généralement dans le menu principal ou dans les options de chaque application. La taille réduite des écrans mobiles implique parfois une organisation différente des éléments d'interface, mais la fonction reste identique.

Je me souviens de Jeanne, une secrétaire médicale de 57 ans, qui était très nerveuse à l'idée d'utiliser Copilot. Lors de notre première session, nous avons simplement passé dix minutes à repérer l'icône dans ses différentes applications sans rien faire d'autre. Ce simple exercice d'observation lui a permis de se familiariser avec la présence de Copilot, sans la pression de devoir l'utiliser immédiatement. À la fin de ces dix minutes, elle m'a dit en souriant : "Finalement, ce n'est qu'un bouton comme un autre !"

Cette première étape de repérage est fondamentale dans votre parcours d'apprentissage. Elle vous permet de situer visuellement l'outil dans votre environnement habituel, une condition nécessaire avant de commencer à l'utiliser activement. Dans la prochaine section, nous irons plus loin en découvrant les différentes formes d'aide que Copilot peut vous offrir concrètement dans vos applications quotidiennes.

1.1.2 Découvrir les Aides Concrètes que Copilot Peut Vous Offrir Simplement

Maintenant que vous savez où trouver Copilot dans vos applications, la question qui vous vient naturellement à l'esprit est : "Mais que peut-il faire concrètement pour moi ?" C'est une excellente question ! Imaginez un nouvel appareil dans votre cuisine : avant de l'utiliser, vous aimeriez savoir à quoi il sert précisément, n'est-ce pas ? Voyons ensemble les aides pratiques que Copilot peut vous apporter dans votre quotidien numérique.

L'intérêt majeur de Copilot réside dans sa capacité à vous faire gagner du temps et à simplifier des tâches qui peuvent parfois vous sembler fastidieuses ou complexes. Comme un assistant bienveillant, il peut prendre en charge certains aspects de votre travail pour vous permettre de vous concentrer sur ce qui compte vraiment pour vous.

Dans Word, votre traitement de texte habituel, Copilot offre plusieurs types d'assistance qui peuvent véritablement vous faciliter la vie. La rédaction constitue souvent un défi, même pour écrire un simple email ou un court rapport. Le syndrome de la page blanche nous guette tous : cette sensation de blocage face à un document vierge où les mots ne viennent pas.

Pour surmonter ce blocage, Copilot peut vous aider à démarrer votre rédaction. Il suffit de lui indiquer le type de document que vous souhaitez créer et quelques informations de base. Par exemple, vous pouvez lui demander : "Aide-moi à rédiger une lettre de remerciement à mes collègues pour leur soutien lors d'un projet". À partir de cette simple instruction, Copilot vous proposera une ébauche que vous pourrez ensuite modifier selon vos besoins.

La synthèse d'informations représente une autre aide précieuse. Qui n'a jamais reçu un long document de plusieurs pages à lire rapidement ? Copilot peut résumer ce document pour vous, en extrayant les points essentiels. Vous gagnez ainsi un temps considérable tout en vous assurant de ne pas manquer les informations importantes.

La reformulation est également un atout majeur de Copilot. Si vous avez écrit un paragraphe mais que vous n'êtes pas satisfait de sa formulation, demandez simplement à Copilot de le réécrire différemment. Vous pouvez même préciser le ton souhaité : plus formel, plus simple, plus concis, etc. C'est comme avoir un collègue qui vous propose différentes façons d'exprimer vos idées.

Dans Outlook, votre application de messagerie, Copilot s'avère tout aussi utile. La gestion des emails peut parfois devenir chronophage et stressante, surtout lorsque votre boîte de réception déborde.

Voici quelques aides concrètes que Copilot peut vous offrir dans ce contexte :

- **La proposition de réponses** : Lorsque vous recevez un email, Copilot peut vous suggérer une réponse adaptée basée sur le contenu du message reçu. Vous pouvez utiliser cette suggestion telle quelle ou la modifier selon vos préférences.

- **Le résumé d'emails longs** : Si vous recevez un email particulièrement long, Copilot peut en extraire les informations essentielles et vous présenter un résumé concis.

- **L'organisation des informations** : Copilot peut vous aider à identifier les actions requises dans un email, les dates importantes ou les informations clés à retenir.

- **La rédaction assistée** : Lorsque vous devez écrire un nouveau message, Copilot peut vous aider à formuler vos idées de manière claire et professionnelle.

Pour illustrer ces fonctionnalités par un exemple concret, prenons le cas de Martine, une secrétaire médicale de 55 ans avec qui j'ai travaillé. Chaque jour, elle recevait des dizaines d'emails de patients demandant des rendez-vous ou des informations. Avant d'utiliser Copilot, elle passait près de deux heures quotidiennement à répondre à ces messages. En apprenant à utiliser la fonction de suggestion de réponses, elle a pu réduire ce temps à moins d'une heure, tout en maintenant un ton personnalisé et attentionné dans ses réponses.

PowerPoint bénéficie aussi des capacités de Copilot. La création de présentations peut s'avérer intimidante pour beaucoup d'entre nous. Copilot peut vous aider à :

- **Générer le plan d'une présentation** : À partir d'un sujet donné, Copilot peut vous proposer une structure logique pour votre présentation.

- **Suggérer du contenu pour vos diapositives** : Il peut rédiger des textes concis et pertinents adaptés au format des diapositives.

- **Reformuler vos idées** : Si vous trouvez que vos formulations sont trop longues ou pas assez claires, Copilot peut les reformuler pour plus d'impact.

Dans Excel, bien que les fonctionnalités de Copilot soient un peu plus spécialisées, elles restent accessibles aux débutants. Copilot peut notamment vous aider à formuler des formules simples ou à analyser vos données de manière plus compréhensible.

Un aspect que j'apprécie particulièrement chez Copilot, c'est sa capacité à s'adapter à votre niveau de compétence. Si vous êtes débutant, vous pouvez lui demander des explications simples et basiques. À mesure que vous gagnez en confiance, vous pourrez formuler des demandes plus complexes.

Je me souviens de Jean-Marc, un comptable proche de la retraite, qui était très réticent à l'idée d'utiliser l'intelligence artificielle. Sa première demande à Copilot était simplement : "Explique-moi ce qu'est une formule dans Excel". La réponse claire et accessible qu'il a reçue l'a rassuré et l'a encouragé à poursuivre son exploration.

Une autre aide précieuse qu'offre Copilot concerne la génération d'idées. Nous sommes tous confrontés à des moments où notre créativité semble nous faire défaut. Que ce soit pour un brainstorming professionnel ou un projet personnel, Copilot peut vous suggérer des idées pour nourrir votre réflexion. Par exemple, si vous organisez une réunion d'équipe, vous pouvez demander à

Copilot de vous proposer des points à aborder ou des activités pour dynamiser la session.

La traduction représente également une fonctionnalité utile, bien que basique, de Copilot. Si vous avez besoin de comprendre ou de rédiger un court texte dans une autre langue, Copilot peut vous aider. Cette fonction reste simple et ne remplace pas un traducteur professionnel, mais elle s'avère pratique pour des besoins courants.

Un point important à souligner : Copilot est conçu pour vous assister, pas pour vous remplacer. Il vous propose des suggestions que vous êtes libre d'accepter, de modifier ou de refuser. Vous gardez toujours le contrôle final sur vos documents, emails ou présentations. Considérez ses suggestions comme des points de départ, des ébauches que vous pouvez personnaliser selon vos besoins spécifiques.

Pour tirer le meilleur parti de ces aides concrètes, je vous conseille de commencer par des demandes simples. Par exemple, dans Word, vous pourriez demander à Copilot de résumer un petit paragraphe que vous avez écrit ou trouvé sur internet. Dans Outlook, essayez de lui demander de vous aider à rédiger une courte réponse à un email simple. Ces premières expériences vous permettront de vous familiariser progressivement avec les capacités de Copilot sans vous sentir submergé.

L'aspect véritablement révolutionnaire de Copilot réside dans sa capacité à comprendre le contexte de votre travail. Contrairement à des outils plus anciens qui fonctionnaient avec des commandes rigides, Copilot peut interpréter vos demandes formulées en langage naturel. Vous n'avez pas besoin d'apprendre un vocabulaire technique spécifique pour l'utiliser efficacement.

Les limites de Copilot méritent aussi d'être mentionnées pour vous donner une vision réaliste de cet outil. Copilot n'est pas omniscient et peut parfois générer des informations incorrectes ou imprécises. Il ne remplace pas votre jugement professionnel ni votre expertise dans votre domaine. C'est pourquoi il est toujours bon de vérifier les informations importantes qu'il vous fournit.

Je compare souvent Copilot à un stagiaire motivé mais inexpérimenté. Il est enthousiaste, plein de bonnes idées et peut vous faire gagner du temps sur certaines tâches, mais ses suggestions nécessitent parfois d'être revues et corrigées. Cette analogie aide à comprendre à la fois le potentiel et les limites de cet assistant numérique.

Les aides que Copilot vous offre peuvent s'intégrer harmonieusement dans votre flux de travail habituel. Vous n'avez pas besoin de changer radicalement votre façon de travailler pour en bénéficier. Commencez par identifier une tâche simple mais répétitive qui vous prend du temps, et voyez comment Copilot pourrait vous aider à la simplifier.

Dans notre prochain chapitre, nous approfondirons l'art de communiquer efficacement avec Copilot pour obtenir exactement ce dont vous avez besoin. Nous verrons comment formuler vos demandes de manière claire et précise, comme vous le feriez avec un nouveau collègue qui a besoin d'instructions spécifiques pour vous aider au mieux.

1.2 Maîtriser l'Art de la Conversation Simple avec Copilot : Le Prompt Efficace

1.2.1 Apprendre à "Parler" à Copilot : Formuler une Demande Claire et Simple

Parler à un outil informatique peut sembler étrange au début. Vous vous posez peut-être la question : "Comment m'adresser à Copilot pour qu'il comprenne ce que je veux ?" C'est tout à fait normal de se sentir un peu maladroit lors de vos premières interactions. Je vais vous montrer qu'en réalité, communiquer avec Copilot est plus simple que vous ne le pensez.

La communication avec Copilot se rapproche d'une conversation avec une personne qui serait prête à vous aider mais qui aurait besoin d'instructions claires. C'est un peu comme expliquer une tâche à un nouveau collègue : plus vos explications sont précises, meilleures seront les chances d'obtenir le résultat souhaité.

Le "prompt" est simplement le terme technique pour désigner votre demande, votre question ou votre instruction adressée à Copilot. Pas besoin de connaître des formules magiques ou un langage spécial pour créer un bon prompt. Le langage de tous les jours, celui que vous utilisez quotidiennement, fonctionne parfaitement. La clé est dans la clarté et la simplicité.

Un bon prompt pour débutant présente plusieurs caractéristiques essentielles :

- **La brièveté** : Des phrases courtes sont généralement plus faciles à comprendre pour Copilot

- **La précision** : Dire exactement ce que vous voulez plutôt que de rester vague

- **La simplicité** : Utiliser des mots courants et des phrases directes

- **L'unicité** : Se concentrer sur une seule demande à la fois plutôt que plusieurs

Pour mieux comprendre ces principes, prenons des exemples concrets. Supposons que vous souhaitiez obtenir l'aide de Copilot pour rédiger un email remerciant un collègue pour son aide sur un projet. Voici comment formuler cette demande simplement :

"Aide-moi à écrire un email de remerciement à un collègue qui m'a aidé sur un projet."

Cette phrase est courte, précise, utilise des mots simples et se concentre sur une seule demande. C'est exactement ce que Copilot comprend le mieux !

Vous remarquerez que je n'ai pas commencé par "Bonjour Copilot" ou "S'il te plaît". Ce n'est pas impoli, c'est juste que ces formules de politesse ne sont pas nécessaires. Copilot n'est pas une personne avec des sentiments. Vous pouvez être direct sans craindre de le froisser.

Une erreur fréquente consiste à formuler des demandes trop vagues. Par exemple, si vous demandez simplement "Aide-moi avec un email", Copilot ne peut pas deviner quel type d'email vous souhaitez rédiger. Il vous proposera probablement quelque chose de générique ou vous demandera plus de précisions.

L'ajout de détails pertinents rend votre demande plus efficace. Si l'on reprend notre exemple d'email de remerciement, vous pourriez préciser :

"Aide-moi à écrire un email de remerciement à mon collègue Jean qui m'a aidé à préparer la présentation commerciale la semaine dernière. Je voudrais un ton cordial mais professionnel."

Ces détails supplémentaires orientent Copilot vers une réponse plus adaptée à vos besoins spécifiques, sans rendre la demande trop complexe.

Un aspect important à comprendre est que vous n'avez pas besoin d'utiliser des termes techniques ou des mots compliqués pour être précis. Le langage courant fonctionne parfaitement avec Copilot. C'est même préférable ! Utilisez les mots que vous employeriez naturellement dans une conversation.

Les verbes d'action sont particulièrement efficaces dans vos prompts. Voici quelques verbes simples qui fonctionnent bien avec Copilot :

- **Résume** : "Résume ce paragraphe en 3 phrases."

- **Explique** : "Explique-moi simplement ce que veut dire ce terme technique."

- **Rédige** : "Rédige un court message pour annuler un rendez-vous."

- **Aide-moi à** : "Aide-moi à trouver des idées pour un cadeau d'anniversaire."

- **Transforme** : "Transforme ce texte en liste à puces."

Je me souviens de Gérard, un responsable logistique de 60 ans qui assistait à l'une de mes formations. Au début, il s'adressait à Copilot avec des phrases très formelles et compliquées : "Je vous serais infiniment reconnaissant de bien vouloir me fournir, si cela est dans vos capacités, un résumé succinct du document ci-joint."

Sa demande était correcte mais inutilement complexe. Nous avons simplifié ensemble : "Résume ce document en 5 points clés." Le résultat était identique, mais la demande beaucoup plus simple à formuler !

Une analogie que j'aime utiliser est celle du GPS. Quand vous utilisez un GPS, vous lui donnez une adresse précise, pas une description vague comme "je voudrais aller quelque part où il fait beau." De même, Copilot a besoin d'instructions spécifiques pour vous guider efficacement.

Ne vous inquiétez pas si votre première tentative ne donne pas exactement le résultat espéré. C'est tout à fait normal ! Même les experts en intelligence artificielle doivent souvent reformuler leurs demandes. Considérez vos échanges avec Copilot comme une conversation où vous précisez progressivement ce que vous souhaitez.

La structure de vos prompts peut suivre un modèle simple pour commencer. Voici une formule de base que je recommande aux débutants :

- **Action souhaitée + contenu concerné + précisions éventuelles**

Par exemple : "Résume (action) cet email (contenu) en 3 points clés (précision)."

Cette structure simple vous permet de couvrir l'essentiel sans vous perdre dans des formulations complexes.

Évitez les prompts trop longs et confus. Si votre demande dépasse deux ou trois phrases, demandez-vous si vous pouvez la simplifier ou la diviser en plusieurs demandes séparées. Il est souvent plus efficace de procéder par étapes plutôt que de tout demander en une seule fois.

La ponctuation joue également un rôle dans la clarté de vos prompts. Un point d'interrogation signale clairement une question, tandis qu'une phrase déclarative sera interprétée comme une instruction. Par exemple :

"Quelles sont les étapes pour créer une présentation efficace ?" (question)
"Crée un plan pour une présentation sur les économies d'énergie." (instruction)

Les deux formulations sont valables, mais elles orienteront Copilot différemment.

Si vous n'êtes pas sûr de la façon de formuler votre demande, commencez par quelque chose de simple et affinez progressivement. Une approche par étapes peut être très efficace. Par exemple :

1. Première demande : "Aide-moi à rédiger un email."

2. Réponse de Copilot (probablement une demande de précisions)

3. Précision : "Je veux écrire à mon équipe pour annoncer un changement d'horaire de réunion."

4. Nouvelle réponse plus adaptée

Cette approche conversationnelle est parfaitement naturelle avec Copilot.

Un conseil que je donne souvent lors de mes formations est de préparer mentalement ou par écrit ce que vous voulez demander à Copilot avant de commencer l'interaction. Quelques secondes de réflexion préalable peuvent faire une grande différence dans la qualité du résultat obtenu.

N'oubliez pas que Copilot peut traiter une grande variété de demandes, mais il excelle particulièrement dans les tâches liées au texte et aux documents. Vous pouvez lui demander de résumer, d'expliquer, de rédiger, de reformuler, de traduire, de corriger, ou encore de générer des idées.

Vous êtes peut-être intimidé à l'idée de formuler votre première demande. C'est parfaitement compréhensible ! Pour vous aider à démarrer, voici quelques exemples de prompts très simples que vous pouvez essayer pour prendre confiance :

- "Que peux-tu faire pour m'aider ?"

- "Résume ce paragraphe en une phrase."

- "Aide-moi à rédiger un message d'absence pour mes emails."

- "Explique-moi ce qu'est Copilot en termes simples."

- "Donne-moi 3 idées pour améliorer ma productivité."

Ces prompts courts et directs sont parfaits pour commencer et vous familiariser avec la façon dont Copilot répond.

Au fil de votre pratique, vous découvrirez naturellement comment ajuster vos demandes pour obtenir de meilleurs résultats. C'est comme apprendre une nouvelle langue : au début, vous utilisez des phrases simples, puis progressivement, vous devenez plus à l'aise et plus précis dans votre expression.

Je vous invite maintenant à faire un petit exercice pratique. Ouvrez Word ou Outlook, cliquez sur l'icône Copilot que nous avons appris à repérer dans la section précédente, et essayez l'une des demandes simples que je viens de vous suggérer. Observez la réponse et sentez-vous libre d'explorer à votre rythme.

Dans la prochaine section, nous irons plus loin en créant ensemble vos toutes premières demandes véritablement utiles et en apprenant à obtenir des résultats pratiques. Petit à petit, vous développerez votre propre style de communication avec Copilot, de plus en plus naturel et efficace.

1.2.2 Créer Vos Toutes Premières Demandes Simples et Obtenir des Résultats Utiles

Après avoir appris à formuler des demandes claires, passons à la pratique ! Je vais vous guider pas à pas pour créer vos toutes premières demandes à Copilot et obtenir des résultats vraiment utiles. Rien de tel que l'expérience concrète pour vous sentir plus à l'aise.

Le moment est venu de mettre en pratique ce que nous avons vu précédemment. Pour commencer en douceur, je vous propose des exemples concrets que vous pourrez reproduire facilement. Ces premiers essais sont conçus pour être simples et sans risque, tout en vous montrant le potentiel de Copilot dans votre quotidien.

Ouvrez Word ou Outlook, repérez l'icône Copilot que nous avons identifiée ensemble, et préparez-vous à faire vos premiers pas. Si vous ressentez une légère appréhension, c'est tout à fait normal ! Rappelez-vous que vous ne pouvez rien casser, et que vous restez maître de ce que vous choisirez d'utiliser ou non parmi les suggestions de Copilot.

Voici cinq exemples de premières demandes que je vous suggère d'essayer, chacune illustrant un usage simple mais utile de Copilot :

- **Demande 1 : Obtenir une explication simple -**
  "Explique-moi ce qu'est le cloud computing en termes

simples."

- **Demande 2 : Créer une liste rapide** - "Propose-moi 5 idées de cadeaux pour un anniversaire."

- **Demande 3 : Formuler un message** - "Aide-moi à rédiger un email pour décliner poliment une invitation."

- **Demande 4 : Résumer un texte** - Copiez un paragraphe d'un document puis demandez : "Résume ce texte en 2 phrases."

- **Demande 5 : Reformuler un contenu** - Écrivez une phrase simple puis demandez : "Reformule cette phrase de façon plus professionnelle."

Prenons le temps d'explorer chacune de ces demandes plus en détail, avec des conseils pratiques pour obtenir les meilleurs résultats.

Pour la première demande sur l'explication simple d'un concept, l'objectif est de voir comment Copilot peut vous aider à comprendre rapidement des notions qui vous semblent complexes. Après avoir obtenu l'explication sur le cloud computing, vous pourriez même poursuivre avec d'autres concepts qui vous intéressent ou vous intriguent : l'intelligence artificielle, le métavers, ou tout autre terme que vous entendez régulièrement sans en maîtriser complètement le sens.

La seconde demande, concernant une liste d'idées, illustre comment Copilot peut stimuler votre créativité quand vous manquez d'inspiration. Une fois que vous avez reçu les suggestions pour des idées de cadeaux, vous pouvez affiner votre demande en ajoutant des précisions : "pour une femme de 50 ans qui aime la lecture" ou "pour un adolescent passionné de technologie". Cette capacité à préciser progressivement vos demandes est une technique très utile avec Copilot.

La troisième proposition, sur la rédaction d'un message, montre comment Copilot peut vous aider dans votre communication quotidienne. L'email de refus poli n'est qu'un exemple ; vous pourriez tout aussi bien demander de l'aide pour rédiger un message de félicitations, de remerciement, ou une simple note d'information. Si la première suggestion ne vous convient pas tout à fait, n'hésitez pas à demander : "Peux-tu le reformuler avec un ton plus amical ?" ou "Peux-tu raccourcir ce message ?".

La quatrième demande, sur le résumé de texte, est particulièrement pratique quand vous êtes confronté à de longs documents ou emails. Pour essayer cette fonction, vous pouvez utiliser n'importe quel paragraphe d'un document existant, d'un article en ligne, ou même d'un email que vous avez reçu. Copiez simplement le texte, cliquez sur l'icône Copilot, collez le texte et demandez un résumé. Vous verrez que Copilot identifie rapidement les points essentiels.

Enfin, la cinquième demande, concernant la reformulation, est idéale quand vous savez ce que vous voulez dire mais pas comment le dire de façon optimale. Écrivez d'abord votre pensée de manière simple, puis demandez à Copilot de l'améliorer selon vos besoins : plus professionnelle, plus concise, plus diplomatie, plus enthousiaste, etc.

La beauté de ces premières demandes est qu'elles sont à la fois simples à formuler et immédiatement utiles. Elles vous permettent de voir concrètement comment Copilot peut s'intégrer dans vos tâches quotidiennes sans complexité.

Une fois que vous avez essayé ces exemples, vous constaterez peut-être que certains résultats correspondent parfaitement à vos attentes, tandis que d'autres nécessitent quelques ajustements. C'est tout à fait normal et cela fait partie du processus d'apprentissage. Voyons maintenant comment améliorer les résultats si besoin.

Si la réponse de Copilot est trop longue ou trop détaillée, vous pouvez simplement lui demander : "Peux-tu résumer cela en quelques points clés ?" ou "Simplifie ta réponse s'il te plaît." À l'inverse, si la réponse vous semble trop superficielle, vous pouvez demander : "Peux-tu développer un peu plus sur [aspect spécifique] ?"

N'oubliez pas que vous pouvez aussi affiner votre demande initiale si les résultats ne sont pas ceux espérés. Par exemple, si vous demandez des idées de cadeaux et que les suggestions ne vous conviennent pas, précisez davantage : "Je cherche plutôt des idées de cadeaux faits maison" ou "Je préférerais des idées de cadeaux sous 20 euros."

Une technique que je recommande vivement à mes stagiaires est de commencer par des demandes très spécifiques plutôt que trop générales. Par exemple, au lieu de demander "Aide-moi avec mon projet", précisez "Aide-moi à créer un planning simple pour mon projet de rénovation de cuisine en 5 étapes."

Je me souviens de Marie-Claude, une assistante administrative de 58 ans, qui était particulièrement nerveuse à l'idée d'utiliser Copilot. Nous avons commencé par lui faire essayer une demande toute simple : "Propose-moi une formule de politesse pour terminer un email professionnel." Le résultat immédiat et pertinent l'a tellement surprise qu'elle s'est exclamée : "Mais c'est exactement ce que j'aurais mis des minutes à formuler !" Cette première réussite a été le déclic qui lui a donné envie d'explorer davantage.

Un conseil pratique pour vos premières demandes : gardez un petit carnet près de votre ordinateur où vous noterez les demandes qui ont bien fonctionné. Cela vous constituera une sorte de "bibliothèque personnelle" de prompts efficaces que vous pourrez réutiliser et adapter selon vos besoins. C'est une méthode simple qui renforce votre confiance, car vous savez que vous avez déjà des exemples qui marchent.

Au fil de vos essais, vous développerez progressivement votre propre "style" de communication avec Copilot. Certaines personnes préfèrent des demandes très directes et concises, d'autres incluent plus de détails et de contexte. Il n'y a pas de bonne ou mauvaise approche, tant que vous obtenez les résultats qui vous conviennent.

L'objectif de ces premiers pas n'est pas la perfection, mais l'apprentissage par la pratique. Chaque interaction avec Copilot vous rend un peu plus à l'aise avec cet outil. Comme pour apprendre à nager, il faut se mouiller ! Mais contrairement à la natation, ici, vous ne risquez pas de couler.

Voici quelques astuces supplémentaires pour tirer le meilleur parti de vos premières demandes :

- **Utilisez le copier-coller** : N'hésitez pas à copier-coller des textes existants pour les faire traiter par Copilot, c'est souvent plus simple que de tout réécrire.

- **Faites des demandes par étapes** : Pour des tâches plus complexes, procédez par petites étapes successives plutôt que d'essayer d'obtenir tout en une seule demande.

- **Alternez entre questions et instructions** : Parfois, poser une question donne de meilleurs résultats qu'une instruction directe, et vice versa. Expérimentez les deux approches.

- **Commencez par des sujets que vous connaissez** : Pour vos premiers essais, choisissez des thèmes sur lesquels vous avez déjà des connaissances, cela vous permettra de mieux évaluer la pertinence des réponses.

Je vous encourage maintenant à passer à l'action. Choisissez l'une des cinq demandes que j'ai suggérées plus haut et essayez-la concrètement. Prenez votre temps, observez la réponse de Copilot, et notez ce que vous appréciez ou ce que vous voudriez améliorer.

Rappelez-vous que chaque petite interaction compte dans votre parcours d'apprentissage. C'est en accumulant ces expériences simples que vous bâtissez votre confiance. Même si certaines réponses ne vous satisfont pas entièrement, considérez-les comme des occasions d'apprentissage plutôt que des échecs.

Dans le prochain chapitre, nous explorerons comment utiliser Copilot pour comprendre et synthétiser l'information facilement, une compétence particulièrement utile face au flot constant d'informations que nous recevons chaque jour. Mais avant cela, prenez le temps de vous familiariser avec ces premières demandes simples, elles constituent la base solide sur laquelle vous pourrez construire progressivement votre maîtrise de Copilot.

2. Vos Premières Interactions Guidées : Utiliser Copilot en Toute Sécurité

Félicitations pour vos premiers pas avec Copilot ! Vous avez franchi une étape importante en découvrant où se trouve cet outil dans vos applications et comment lui formuler vos premières demandes. C'est un peu comme avoir appris à dire "bonjour" et "merci" dans une nouvelle langue, une base essentielle pour construire la suite. Maintenant que cette première approche est faite, nous allons approfondir ensemble et explorer des usages simples mais concrets qui vous seront immédiatement utiles.

Le chapitre que nous entamons marque une transition dans votre apprentissage. Nous passons de la théorie et des bases à la pratique guidée. Si vous avez suivi les chapitres précédents, vous savez déjà repérer Copilot et lui parler simplement. Il est temps maintenant de voir ce qu'il peut faire pour vous au quotidien, avec des exemples précis que vous pourrez reproduire facilement.

La sécurité reste au cœur de notre démarche. Un sentiment de sécurité psychologique d'abord, car je sais combien il peut être intimidant d'utiliser un nouvel outil technologique. Chaque exercice que je vous proposerai est conçu pour vous permettre d'expérimenter sans crainte, à votre rythme, et avec la certitude que vous ne pouvez rien "casser". Vous garderez toujours le contrôle et le choix d'accepter ou non les suggestions de Copilot.

La sécurité de vos données ensuite. Dans ce chapitre, nous travaillerons avec des exemples génériques ou personnels que vous choisirez vous-même. Aucune information confidentielle ou sensible ne sera nécessaire pour apprendre. C'est un peu comme s'exercer à conduire sur un parking vide avant de se lancer sur la route : un espace sûr pour pratiquer.

Mon objectif dans ce chapitre est de vous montrer deux utilisations fondamentales et particulièrement utiles de Copilot. La première concerne la compréhension et la synthèse d'informations, et la seconde la génération d'idées simples. Ces deux aspects représentent probablement les fonctionnalités les plus immédiatement bénéfiques pour vous qui débutez avec cet outil.

Comprendre et synthétiser l'information est devenu un défi quotidien. Nous sommes tous submergés par des textes à lire, des emails à traiter, des rapports à assimiler. Copilot peut vous aider à extraire rapidement l'essentiel d'un document ou à obtenir des explications claires sur un sujet qui vous intéresse. C'est comme avoir un assistant qui lirait pour vous et vous préparait un résumé des points importants.

Générer des idées représente l'autre face de la médaille. Qui n'a jamais été confronté à la page blanche ou au manque d'inspiration ? Que ce soit pour préparer une liste de tâches, organiser un événement ou simplement trouver différentes façons d'exprimer une idée, Copilot peut stimuler votre créativité et vous proposer des pistes de réflexion. Il ne s'agit pas de remplacer votre intelligence ou votre jugement, mais plutôt de disposer d'un outil qui vous aide à démarrer quand l'inspiration manque.

Les interactions que nous allons explorer ensemble sont volontairement simples et accessibles. Je n'attends pas de vous que vous deveniez un expert ou une experte de l'intelligence artificielle après ce chapitre. Mon souhait est simplement que vous découvriez quelques usages pratiques qui peuvent vous simplifier la vie et vous donner envie d'explorer davantage par la suite.

Pour tirer le meilleur parti de ce chapitre, je vous invite à suivre les exemples pas à pas, en essayant vous-même chaque étape. C'est en pratiquant que l'on apprend le mieux. Si vous avez votre ordinateur à portée de main, ouvrez Word ou Outlook pour pouvoir essayer directement. Si ce n'est pas possible maintenant, prenez quand même le temps de lire les exemples, ils vous seront utiles lorsque vous pourrez pratiquer.

Je me souviens de Jacqueline, une assistante administrative de 62 ans qui participait à l'une de mes formations. Au début, elle répétait : "Je vais simplement vous regarder faire, je n'ose pas essayer moi-même." Je l'ai encouragée à tenter une expérience toute simple : demander à Copilot d'expliquer ce qu'était un tableur en termes simples. Sa surprise en voyant la réponse claire et accessible qu'elle a obtenue a été un véritable déclic. "Mais c'est vraiment facile !" s'est-elle exclamée. Ce premier succès lui a donné la confiance nécessaire pour continuer son exploration.

Une approche étape par étape vous permet de gagner progressivement en assurance. Nous commencerons par des demandes très basiques avant d'avancer vers des utilisations légèrement plus élaborées. Chaque petite réussite renforce votre confiance et vous prépare à l'étape suivante.

Un point important à garder à l'esprit : il n'y a pas de "bonne" ou de "mauvaise" façon d'utiliser Copilot. Certaines personnes l'utiliseront principalement pour résumer des textes, d'autres pour générer des idées, d'autres encore pour reformuler leurs écrits. L'essentiel est que vous trouviez les usages qui vous sont personnellement utiles, ceux qui vous font gagner du temps ou qui vous facilitent la vie.

L'expérimentation joue un rôle clé dans ce processus de découverte. Je vous encourage à essayer différentes formulations pour vos demandes, à observer les résultats et à ajuster votre approche. C'est un peu comme apprendre à cuisiner : on suit d'abord des recettes précises, puis progressivement, on se sent assez à l'aise pour improviser et adapter selon ses goûts.

Voici un aperçu des quatre sections que nous allons explorer ensemble dans ce chapitre :

- **Obtenir des explications claires** : Comment demander à Copilot de vous expliquer simplement des concepts ou des termes que vous rencontrez

- **Réaliser votre premier résumé de texte** : Comment utiliser Copilot pour synthétiser un document, un email ou un paragraphe

- **Produire des listes d'idées utiles** : Comment générer rapidement des idées pour différentes situations quotidiennes

- **Trouver différentes formulations** : Comment utiliser Copilot pour exprimer une même idée de plusieurs façons

Dans chacune de ces sections, nous suivrons la même structure rassurante : je vous expliquerai d'abord le principe, puis je vous montrerai un exemple concret, étape par étape, que vous pourrez reproduire, et enfin je vous donnerai quelques conseils pour adapter cet usage à vos besoins spécifiques.

La beauté de ces premières interactions guidées est qu'elles sont immédiatement utiles. Vous pourrez appliquer ces compétences dès aujourd'hui, dans votre travail ou votre vie personnelle. Pas besoin d'attendre d'être un expert pour en tirer des bénéfices concrets.

Je tiens à souligner que tout au long de ce chapitre, nous garderons à l'esprit les limites de Copilot. Cet outil n'est pas parfait et il est important d'aborder ses suggestions avec un œil critique. Je vous montrerai comment évaluer les réponses qu'il vous donne et comment les utiliser de manière appropriée.

Un aspect que j'apprécie particulièrement dans cette phase d'apprentissage est la liberté d'explorer sans pression. Contrairement à certaines situations professionnelles où l'on doit rapidement maîtriser un outil sous la pression des délais ou des attentes, ici vous pouvez avancer à votre propre rythme, essayer, vous tromper, recommencer, sans aucun jugement.

Le temps consacré à ces premières explorations guidées est un investissement précieux. Chaque minute passée à vous familiariser avec Copilot aujourd'hui vous fera gagner potentiellement des heures demain. C'est comme apprendre à utiliser un raccourci clavier : un petit effort d'apprentissage au début, et ensuite un gain de temps considérable sur le long terme.

Gardez à l'esprit que l'objectif n'est pas d'utiliser Copilot pour absolument tout. Il s'agit plutôt d'identifier les situations où cet outil peut vraiment vous apporter une valeur ajoutée, vous faire gagner du temps ou vous simplifier une tâche complexe. Pour certaines choses, vos méthodes habituelles resteront plus efficaces, et c'est parfaitement normal.

Prêt à plonger dans ces premières interactions guidées ? Le voyage continue, et je reste à vos côtés pour vous accompagner dans chaque étape. Commençons par voir comment Copilot peut vous aider à comprendre et synthétiser l'information facilement, une compétence précieuse dans notre monde submergé de contenus à traiter.

2.1 Utiliser Copilot pour Comprendre et Synthétiser l'Information Facilement

2.1.1 Obtenir des Explications Claires sur des Sujets Simples via Copilot

Dans notre monde actuel, nous rencontrons quotidiennement des termes, des concepts ou des sujets que nous ne comprenons pas complètement. Parfois, une simple recherche internet nous submerge d'informations complexes quand nous voulions juste une explication claire et accessible. C'est ici que Copilot peut devenir votre allié précieux.

L'une des fonctionnalités les plus utiles et accessibles de Copilot est sa capacité à vous fournir des explications simples sur pratiquement n'importe quel sujet. Imaginez avoir un ami patient et bien informé à qui vous pouvez demander d'expliquer quelque chose sans craindre son jugement ou son impatience. C'est exactement ce que Copilot peut faire pour vous.

Cette capacité à obtenir des explications claires représente souvent le premier usage véritablement utile que découvrent mes stagiaires. Je me souviens de Martine, une assistante administrative de 56 ans, qui a poussé un "Oh !" de surprise quand elle a vu Copilot lui expliquer simplement ce qu'était le "cloud computing", un terme qu'elle entendait régulièrement sans jamais oser demander sa signification.

Pour obtenir ces explications, vous n'avez pas besoin de formules compliquées ou de connaissances techniques. Votre langage de tous les jours fonctionne parfaitement ! Voyons ensemble comment procéder pas à pas pour demander à Copilot de vous éclairer sur un sujet simple.

La première étape consiste à ouvrir Copilot dans l'une de vos applications Microsoft 365. Word est un excellent choix pour commencer. Ouvrez Word, repérez l'icône Copilot dans le coin supérieur droit et cliquez dessus. Le panneau Copilot s'ouvre sur le côté droit de votre écran.

La deuxième étape est de formuler votre demande d'explication. Voici quelques exemples de formulations efficaces que vous pouvez utiliser :

- "Explique-moi ce qu'est [sujet] en termes simples."

- "Peux-tu m'expliquer [concept] comme si je n'y connaissais rien ?"

- "Qu'est-ce que [terme technique] en langage de tous les jours ?"

- "Je ne comprends pas [sujet]. Peux-tu me l'expliquer simplement ?"

- "Donne-moi une explication basique de [concept]."

La simplicité est la clé ici. Pas besoin de formulations élaborées ou formelles. Exprimez votre demande comme vous le feriez naturellement dans une conversation.

Prenons un exemple concret. Supposons que vous entendez souvent parler de "métavers" et que vous ne savez pas exactement ce que c'est. Vous pourriez simplement taper dans Copilot : "Explique-moi ce qu'est le métavers en termes simples."

Une fois votre demande tapée, appuyez sur la touche Entrée de votre clavier. Vous verrez alors Copilot "réfléchir" pendant quelques secondes (des petits points animés apparaissent), puis vous fournir une explication.

Un aspect que j'apprécie particulièrement avec Copilot est que vous pouvez préciser le niveau de simplicité que vous souhaitez. Si l'explication vous semble encore trop compliquée, n'hésitez pas à lui demander de la simplifier davantage. Par exemple : "Peux-tu me l'expliquer encore plus simplement ?" ou "Explique-le comme tu le ferais à un enfant de 10 ans."

Cette possibilité de demander des clarifications supplémentaires transforme l'expérience en véritable conversation. Contrairement à une recherche internet classique où vous obtenez une réponse fixe, Copilot peut adapter ses explications selon vos besoins spécifiques.

Un conseil que je donne souvent lors de mes formations : commencez par des sujets qui vous intéressent vraiment. La curiosité est un moteur puissant d'apprentissage. Peut-être y a-t-il un terme technique que vous entendez régulièrement au travail et dont vous n'osez pas demander la signification ? Ou un concept dont tout le monde parle dans les médias mais que vous ne comprenez pas complètement ?

Les domaines que vous pouvez explorer avec Copilot sont pratiquement illimités. Voici quelques exemples de sujets que mes stagiaires demandent fréquemment à Copilot d'expliquer :

- Des concepts technologiques : blockchain, intelligence artificielle, réalité augmentée

- Des termes économiques : inflation, récession, taux d'intérêt

- Des notions de santé : cholestérol, gluten, probiotiques

- Des concepts écologiques : empreinte carbone, développement durable

- Des termes professionnels spécifiques à leur secteur

Je vous encourage à essayer avec un sujet qui vous intéresse personnellement. Vous serez surpris de la clarté des explications que vous obtiendrez.

Une question que l'on me pose souvent est : "Mais d'où viennent ces explications ? Sont-elles fiables ?" Copilot a été entraîné sur d'énormes quantités de textes, ce qui lui permet de synthétiser des informations pour vous fournir des explications généralement exactes. Cependant, il ne s'agit pas d'une encyclopédie parfaite. Pour des sujets très spécialisés ou récents, ou pour des décisions importantes, il est toujours bon de vérifier l'information auprès de sources spécialisées.

Pour des explications simples de concepts généraux ou des clarifications de base, Copilot est néanmoins remarquablement fiable et pratique. C'est un excellent point de départ pour comprendre un sujet nouveau.

L'avantage de demander des explications à Copilot plutôt que de faire une recherche internet classique réside dans la personnalisation et la simplicité. Une recherche internet vous donne souvent des résultats variés, parfois techniques ou contradictoires, qu'il faut trier et interpréter. Copilot, lui, vous offre directement une explication concise et adaptée à votre demande de simplicité.

Un autre avantage majeur est la confidentialité. Si vous travaillez dans un environnement professionnel, vous préférerez peut-être demander à Copilot plutôt qu'à un collègue l'explication d'un terme que "tout le monde semble comprendre sauf vous". C'est une façon discrète d'apprendre sans craindre le jugement.

La façon dont vous formulez votre demande influence la qualité de l'explication que vous recevrez. Voici quelques astuces pour obtenir les meilleures explications possibles :

- **Précisez votre niveau de connaissance** : "Je n'y connais rien en finance, peux-tu m'expliquer ce qu'est un taux d'intérêt ?"

- **Demandez des exemples** : "Explique-moi ce qu'est le cloud computing avec des exemples concrets de la vie quotidienne."

- **Sollicitez des analogies** : "Peux-tu m'expliquer comment fonctionne la blockchain en utilisant une analogie simple ?"

- **Limitez la longueur** : "Donne-moi une explication courte (en 3 phrases) de ce qu'est l'inflation."

Ces petites précisions orientent Copilot pour qu'il vous fournisse exactement le type d'explication dont vous avez besoin.

Je me souviens de Paul, un comptable proche de la retraite, qui était particulièrement réticent à l'idée d'utiliser l'intelligence artificielle. Sa première interaction avec Copilot a été de lui demander d'expliquer... ce qu'était l'intelligence artificielle ! La réponse claire et démystifiante l'a tellement impressionné qu'il est maintenant l'un des utilisateurs les plus enthousiastes de Copilot dans son entreprise.

Si vous êtes curieux de nature, cette fonctionnalité de Copilot peut devenir rapidement addictive. Certains de mes stagiaires me confient qu'ils passent leurs pauses à demander des explications sur toutes sortes de sujets qui les intriguent. C'est une façon agréable et sans pression de développer sa culture générale.

La beauté de cette approche est qu'elle est entièrement guidée par votre curiosité. Contrairement à un cours formel où le programme est fixé d'avance, c'est vous qui décidez ce que vous voulez apprendre, à votre rythme et selon vos centres d'intérêt.

Pour vous aider à démarrer, voici un petit exercice pratique : pensez à trois termes ou concepts que vous entendez régulièrement mais que vous ne comprenez pas complètement. Notez-les sur un papier. Puis, ouvrez Word, accédez à Copilot, et demandez une explication simple pour chacun d'entre eux. Vous aurez ainsi fait vos premiers pas concrets dans l'utilisation de Copilot comme outil de compréhension.

N'oubliez pas que vous pouvez copier et coller les explications de Copilot dans un document Word si vous souhaitez les conserver pour référence future. C'est particulièrement utile pour les concepts que vous rencontrez régulièrement dans votre travail ou vos centres d'intérêt.

Je vous encourage à faire de cette fonctionnalité un réflexe. Lorsque vous rencontrez un terme ou un concept que vous ne comprenez pas complètement, au lieu de l'ignorer ou de faire semblant de comprendre, prenez l'habitude de demander à Copilot une explication simple. C'est un petit geste qui peut considérablement enrichir votre compréhension du monde.

Dans la prochaine section, nous irons plus loin en découvrant comment utiliser Copilot pour résumer des textes, une autre fonctionnalité extrêmement pratique pour gagner du temps et extraire l'essentiel d'un document. Mais avant cela, prenez le temps d'explorer ce premier usage et de vous familiariser avec la sensation de poser des questions à Copilot. C'est en pratiquant régulièrement que vous développerez votre aisance avec cet outil.

2.1.2 RÉALISER VOTRE PREMIER RÉSUMÉ DE TEXTE AUTOMATIQUE ET SANS EFFORT AVEC COPILOT

Résumer un document est l'une des fonctionnalités les plus utiles et accessibles de Copilot. Qui n'a jamais reçu un long email ou document et souhaité en extraire rapidement l'essentiel ? C'est précisément là que Copilot brille par sa simplicité et son efficacité, même pour les débutants complets comme vous.

La création de résumés représente souvent une tâche fastidieuse. Elle demande du temps, de la concentration et une certaine habileté pour identifier les informations importantes. Avec Copilot, cette tâche devient étonnamment simple. C'est comme avoir un assistant qui lit le document pour vous et vous présente les points essentiels en quelques secondes.

Mon objectif dans cette section est de vous guider pas à pas pour réaliser votre tout premier résumé automatique. Ne vous inquiétez pas si vous n'avez jamais utilisé cette fonctionnalité auparavant. Je vais vous montrer exactement quoi faire, bouton par bouton, mot par mot. Vous verrez que c'est bien plus facile que vous ne l'imaginez.

Pour commencer, choisissons un contexte simple et pratique : résumer un paragraphe ou un court texte dans Word. C'est l'exercice idéal pour débuter car il est rapide, sans risque et immédiatement gratifiant. Vous pourriez par exemple utiliser un article que vous avez trouvé en ligne, un email que vous avez reçu, ou même un document que vous avez vous-même rédigé.

Voici les étapes précises pour réaliser votre premier résumé avec Copilot dans Word :

- **Ouvrez Word et préparez votre texte** : Lancez Microsoft Word et ouvrez un document contenant le texte que vous souhaitez résumer. Si vous n'en avez pas, vous pouvez simplement copier-coller un paragraphe d'un site web ou d'un email dans un nouveau document Word.

- **Sélectionnez le texte à résumer** : Cliquez au début du texte que vous voulez résumer, maintenez le bouton de la souris enfoncé et faites glisser jusqu'à la fin du texte. Le texte devrait apparaître en surbrillance, ce qui indique qu'il est sélectionné.

- **Ouvrez Copilot** : Cliquez sur l'icône Copilot dans le coin supérieur droit de votre écran. Le panneau Copilot s'ouvrira sur le côté droit de votre fenêtre Word.

- **Formulez votre demande de résumé** : Dans la zone de texte du panneau Copilot, tapez simplement : "Résume ce texte en 3 points principaux" ou "Fais un résumé court de ce paragraphe". Vous pouvez préciser la longueur souhaitée pour votre résumé.

- **Envoyez votre demande** : Appuyez sur la touche Entrée de votre clavier pour envoyer votre demande à Copilot.

- **Consultez le résumé généré** : Après quelques secondes, Copilot vous présentera un résumé du texte que vous avez sélectionné. Lisez-le pour voir s'il capture bien les points essentiels du texte original.

Je me souviens de Sophie, une assistante administrative de 53 ans participant à l'une de mes formations. Elle recevait quotidiennement des dizaines d'emails dont certains très longs. Quand elle a réalisé qu'elle pouvait les résumer en quelques clics, son visage s'est illuminé : "C'est comme si on m'offrait des heures de ma journée !" m'a-t-elle confié.

Une variante très pratique consiste à résumer directement un email dans Outlook. Le processus est similaire, avec quelques petites différences :

- **Dans Outlook, ouvrez l'email** que vous souhaitez résumer.

- **Cliquez sur l'icône Copilot** dans la partie supérieure de la fenêtre.

- **Dans le panneau Copilot**, tapez : "Résume cet email" ou "Quels sont les points clés de cet email ?"

- **Appuyez sur Entrée** et consultez le résumé généré.

Certaines versions récentes d'Outlook proposent même un bouton "Résumer" directement accessible quand vous ouvrez un email, ce qui simplifie encore davantage le processus.

La beauté de cette fonction de résumé réside dans sa flexibilité. Vous pouvez personnaliser votre demande selon vos besoins spécifiques. Voici quelques variations que vous pourriez essayer :

- "Résume ce texte en 3 phrases."

- "Fais-moi un résumé de ce document axé sur les informations financières."

- "Résume ce texte pour une présentation de 2 minutes."

- "Quels sont les 5 points principaux de ce document ?"

- "Résume ce texte de façon très simple, comme pour un enfant."

Cette possibilité de personnalisation vous permet d'obtenir exactement le type de résumé dont vous avez besoin, dans le format qui vous convient le mieux.

Un aspect que j'apprécie particulièrement est la possibilité d'affiner le résumé si le premier résultat ne vous satisfait pas entièrement. Si vous trouvez que le résumé est trop long, trop court, ou ne met pas l'accent sur les aspects qui vous intéressent, vous pouvez simplement faire une demande complémentaire. Par exemple : "Peux-tu rendre ce résumé plus concis ?" ou "J'aimerais plus de détails sur la partie concernant le budget."

Parfois, vous voudrez peut-être résumer un document plus long, comme un rapport de plusieurs pages. Dans ce cas, la méthode reste la même, mais vous devrez peut-être sélectionner des sections spécifiques du document ou demander à Copilot de se concentrer sur certains aspects. Pour un document très long, il peut être judicieux de le résumer par sections plutôt que d'essayer de tout résumer en une seule fois.

Une question fréquente concerne la précision des résumés générés par Copilot. Rassurez-vous, pour des textes simples et factuels, Copilot fait généralement un excellent travail d'extraction des informations essentielles. Cependant, comme pour toute tâche confiée à l'IA, il est bon de jeter un œil critique au résultat. Vérifiez que les points principaux du texte original sont bien repris dans le résumé et qu'il n'y a pas d'erreurs d'interprétation.

Cette vérification rapide devient une habitude naturelle avec l'usage. Je compare souvent ce processus à la relecture d'un message avant de l'envoyer : un simple coup d'œil pour s'assurer que tout est correct. Ce n'est pas une tâche ardue, juste une précaution de bon sens.

Un conseil pratique que je donne souvent lors de mes formations : commencez par résumer des textes courts et simples avant de passer à des documents plus complexes. Cette approche progressive vous permettra de vous familiariser avec la fonction de résumé et de gagner en confiance.

Si vous souhaitez conserver le résumé généré par Copilot, vous avez plusieurs options. Vous pouvez le copier-coller dans votre document, l'enregistrer dans un nouveau fichier, ou même l'envoyer par email. C'est un excellent moyen de partager rapidement l'essentiel d'un document avec des collègues ou des amis sans leur faire perdre de temps avec le texte intégral.

Je me rappelle de Jean-Pierre, un retraité de 68 ans, qui utilisait cette fonction pour résumer des articles de presse qu'il partageait ensuite avec son groupe de lecture. "Avant, je passais des heures à tout lire et à prendre des notes. Maintenant, je demande à Copilot de me faire un résumé, je vérifie qu'il est correct, et je l'envoie au groupe. Simple comme bonjour !" m'a-t-il expliqué avec enthousiasme.

Un autre aspect intéressant est la possibilité d'utiliser la fonction de résumé pour mieux comprendre des textes complexes. Si vous recevez un document contenant des termes techniques ou spécialisés, demandez à Copilot de le résumer en langage simple. C'est comme avoir un traducteur qui transforme un jargon compliqué en explications accessibles.

Pour votre premier essai de résumé avec Copilot, je vous suggère cet exercice simple :

1. Trouvez un article de presse en ligne qui vous intéresse (environ une page).

2. Copiez-le dans un document Word.

3. Sélectionnez tout le texte.

4. Demandez à Copilot de le résumer en 3-5 points clés.

5. Lisez le résumé et comparez-le avec l'article original.

Cet exercice vous prendra moins de 5 minutes et vous donnera une excellente idée de la puissance et de la simplicité de cette fonctionnalité.

N'oubliez pas que l'objectif ici n'est pas de devenir un expert du résumé automatique, mais simplement de découvrir comment Copilot peut vous faire gagner du temps dans votre quotidien. Vous n'avez pas besoin de comprendre les mécanismes complexes qui permettent à l'IA de générer ces résumés pour en profiter pleinement.

La fonction de résumé automatique illustre parfaitement l'un des grands avantages de Copilot : sa capacité à vous libérer des tâches chronophages pour vous permettre de vous concentrer sur l'essentiel. Au lieu de passer de longues minutes à lire et à digérer des informations, vous pouvez rapidement saisir les points clés et décider si le document mérite une lecture plus approfondie.

Dans notre monde submergé d'informations, cette capacité à extraire rapidement l'essentiel devient une compétence précieuse. Copilot vous offre cette compétence sans effort, même si vous n'avez aucune expérience préalable avec l'intelligence artificielle.

La prochaine fois que vous recevrez un long email ou document, au lieu de soupirer devant la quantité d'informations à traiter, rappelez-vous que vous avez maintenant un assistant prêt à vous en présenter l'essentiel en quelques secondes. C'est une petite révolution dans votre façon de gérer l'information, accessible en quelques clics seulement.

Dans la prochaine section, nous explorerons une autre fonctionnalité simple mais puissante de Copilot : la génération d'idées. Vous découvrirez comment Copilot peut vous aider à produire rapidement des listes d'idées utiles pour diverses situations du quotidien, que ce soit pour organiser un événement, planifier un projet ou simplement trouver l'inspiration quand vous en avez besoin.

2.2 Générer Vos Premières Idées Simples et Pratiques avec Copilot

2.2.1 Produire Rapidement des Listes d'Idées Utiles pour le Quotidien

Après avoir exploré comment obtenir des explications et réaliser des résumés, passons à une autre utilisation particulièrement pratique de Copilot : la génération de listes d'idées. Qui n'a jamais été confronté à ce moment de blanc mental face à une tâche créative ou organisationnelle ? Copilot excelle dans ce domaine, même pour les débutants comme vous.

La génération d'idées représente souvent un défi, que ce soit pour préparer une réunion, organiser un événement, planifier des tâches ou simplement trouver l'inspiration. Notre cerveau peut parfois se bloquer ou tourner en rond sur les mêmes concepts. C'est précisément dans ces moments que Copilot peut devenir votre allié précieux.

L'intérêt majeur de cette fonctionnalité réside dans sa simplicité d'accès. Vous n'avez pas besoin de maîtriser des techniques complexes ou de connaître des commandes spéciales pour obtenir des listes d'idées pertinentes. Une simple demande en langage courant suffit, comme si vous discutiez avec un collègue créatif.

Je vais vous montrer comment produire rapidement différents types de listes qui peuvent vous être utiles au quotidien, tant dans votre vie professionnelle que personnelle. Vous verrez que cette fonctionnalité peut s'adapter à une multitude de situations.

Commençons par le processus de base pour générer une liste d'idées avec Copilot. La méthode est très similaire à celle que nous avons utilisée précédemment :

- **Ouvrez Word ou Outlook** et cliquez sur l'icône Copilot.

- **Formulez votre demande** de liste d'idées clairement, en précisant le thème et le nombre d'idées souhaité.

- **Envoyez votre demande** en appuyant sur Entrée.

- **Consultez la liste générée** par Copilot.

Cette approche simple fonctionne pour pratiquement tous les types de listes dont vous pourriez avoir besoin. Voyons maintenant quelques exemples concrets de demandes que vous pourriez faire à Copilot, regroupés par catégories.

Pour l'organisation professionnelle, voici des demandes qui peuvent vous simplifier la vie :

- "Donne-moi 10 idées de sujets à aborder lors de notre prochaine réunion d'équipe."

- "Propose-moi 5 façons d'améliorer mon organisation au bureau."

- "Génère une liste de 7 idées pour réduire le stress au travail."

- "Suggère-moi 8 points à inclure dans mon rapport mensuel."

- "Donne-moi 6 idées pour optimiser mon temps pendant ma journée de travail."

Dans votre vie personnelle, Copilot peut également vous aider à structurer vos idées :

- "Propose-moi 10 activités à faire ce weekend en famille."

- "Génère une liste de 7 idées de menus équilibrés pour la semaine."

- "Donne-moi 8 idées de cadeaux pour l'anniversaire d'un ami."

- "Suggère 5 façons d'économiser de l'énergie à la maison."

- "Liste 6 projets de bricolage simples pour débutants."

La clé pour obtenir des listes vraiment utiles réside dans la précision de votre demande. Plus vous serez spécifique, plus les suggestions de Copilot seront pertinentes et adaptées à vos besoins. N'hésitez pas à inclure des détails contextuels qui aideront Copilot à mieux cibler ses propositions.

Par exemple, au lieu de demander simplement "Donne-moi des idées de cadeaux", vous obtiendrez de meilleurs résultats en précisant : "Donne-moi 5 idées de cadeaux pour une femme de 60 ans qui aime le jardinage et la lecture, avec un budget d'environ 50 euros."

Je me souviens de Françoise, une assistante de direction de 55 ans, qui était particulièrement impressionnée par cette fonctionnalité. Elle devait régulièrement organiser des événements d'entreprise et manquait souvent d'inspiration. Sa première demande à Copilot était : "Propose-moi 10 activités originales pour un séminaire d'équipe de deux jours." La liste générée lui a non seulement fait gagner un temps précieux, mais lui a aussi fourni des idées auxquelles elle n'aurait pas pensé par elle-même.

Un aspect particulièrement pratique est la possibilité d'affiner les listes générées. Si certaines idées ne vous conviennent pas ou si vous souhaitez explorer davantage un aspect particulier, vous pouvez simplement demander à Copilot de modifier sa réponse. Par exemple : "Ces idées sont intéressantes, mais j'aimerais des suggestions plus axées sur le travail en équipe" ou "Peux-tu remplacer les idées 3 et 5 par d'autres suggestions ?"

Pour vous aider à débuter, voici un exercice simple que je vous propose :

1. Ouvrez Word et accédez à Copilot.

2. Demandez une liste de 5 façons d'utiliser Copilot dans votre quotidien (oui, c'est une demande métaréflexive, mais très utile !).

3. Examinez les suggestions et identifiez celles qui vous semblent les plus pertinentes pour vous.

4. Demandez à Copilot de développer davantage l'une des idées qui vous intéresse particulièrement.

Cet exercice vous permettra non seulement de vous familiariser avec la génération de listes, mais aussi de découvrir de nouvelles possibilités d'utilisation de Copilot que vous n'aviez peut-être pas envisagées.

La génération de listes peut également être très utile pour la planification de projets. Que vous organisiez un déménagement, une rénovation ou simplement une journée chargée, Copilot peut vous aider à structurer vos idées et à n'oublier aucune étape importante.

Un type de liste particulièrement apprécié concerne les "checklists" ou listes de vérification. Vous pouvez demander à Copilot de vous proposer des listes de contrôle pour diverses situations :

- "Crée une checklist pour préparer un voyage de deux semaines."

- "Donne-moi une liste de vérification pour l'organisation d'une petite fête d'anniversaire."

- "Propose-moi une checklist pour la préparation d'un entretien d'embauche."

Ces listes de vérification peuvent vous servir de point de départ que vous pourrez ensuite personnaliser selon vos besoins spécifiques.

La beauté de cette fonctionnalité réside dans sa polyvalence. Vous pouvez générer des listes pour pratiquement n'importe quel sujet qui vous intéresse ou vous préoccupe. Voici quelques autres exemples d'utilisation :

- "Donne-moi 8 idées de questions à poser lors de ma prochaine réunion avec mon responsable."

- "Propose 6 activités relaxantes à faire en 10 minutes pendant ma pause déjeuner."

- "Suggère 7 façons de personnaliser mon espace de travail."

- "Liste 5 techniques simples pour améliorer ma concentration."

Je remarque souvent lors de mes formations que les participants sont surpris par la diversité des listes qu'ils peuvent obtenir. Michel, un comptable proche de la retraite, était sceptique quant à l'utilité de Copilot dans son travail quotidien. Je lui ai suggéré de demander une liste de "10 façons d'optimiser le classement de ses documents financiers." La pertinence des suggestions l'a convaincu qu'il pourrait effectivement intégrer cet outil dans sa routine.

Un conseil pratique : n'hésitez pas à sauvegarder les listes intéressantes que Copilot génère pour vous. Vous pouvez simplement les copier-coller dans un document Word ou les enregistrer dans vos notes. Ces listes peuvent constituer une ressource précieuse à consulter ultérieurement.

Si vous utilisez régulièrement certains types de listes, vous pouvez créer un petit document avec vos "demandes favorites" pour les retrouver facilement. Par exemple, vous pourriez avoir un document intitulé "Mes demandes Copilot" où vous conservez les formulations qui vous ont donné les meilleurs résultats.

La génération de listes d'idées illustre parfaitement l'un des grands avantages de Copilot : sa capacité à vous aider à démarrer quand vous faites face à la page blanche. C'est souvent le premier pas qui est le plus difficile, et Copilot peut vous aider à franchir cette étape initiale.

Je vous encourage à expérimenter avec différents types de demandes pour découvrir celles qui vous sont les plus utiles dans votre contexte spécifique. Vous développerez ainsi progressivement votre propre "répertoire" de demandes efficaces.

Ne vous limitez pas aux exemples que je vous ai donnés. Laissez libre cours à votre imagination et pensez aux domaines où un petit coup de pouce créatif ou organisationnel pourrait vous être bénéfique. Copilot est là pour vous aider à structurer vos pensées et à stimuler votre créativité, pas pour la remplacer.

Dans notre prochaine section, nous explorerons une autre facette très pratique de Copilot : sa capacité à vous aider à trouver différentes façons de formuler vos phrases. Cette fonctionnalité est particulièrement utile lorsque vous rédigez des documents ou des emails et que vous cherchez la formulation parfaite pour exprimer votre pensée.

2.2.2 Trouver des Façons Différentes de Formuler Vos Phrases Simplement

Qui n'a jamais connu cette situation frustrante où l'on sait ce que l'on veut dire, mais pas comment le dire élégamment ? Trouver la formulation parfaite pour exprimer une idée peut parfois sembler aussi difficile que de résoudre un casse-tête. C'est précisément dans ces moments que Copilot révèle l'une de ses fonctionnalités les plus pratiques et accessibles, même pour les débutants.

La reformulation de texte est une capacité particulièrement utile de Copilot qui peut vous aider quotidiennement. Que vous rédigiez un email professionnel et cherchiez un ton plus formel, ou que vous souhaitiez simplement varier votre expression écrite, cette fonctionnalité vous offre instantanément plusieurs façons d'exprimer la même idée.

Le principe est extrêmement simple : vous fournissez une phrase ou un paragraphe à Copilot, et vous lui demandez de le reformuler selon vos besoins spécifiques. C'est comme avoir un collègue bienveillant qui vous propose différentes façons de dire la même chose, sans jamais vous juger ou s'impatienter.

Pour vous montrer à quel point cette fonction est accessible et pratique, je vais vous guider pas à pas dans votre première expérience de reformulation avec Copilot. Suivez simplement ces étapes :

- **Ouvrez Word** et créez un nouveau document ou ouvrez un document existant.

- **Écrivez une phrase simple** que vous souhaitez reformuler. Par exemple : "Je vous envoie les informations demandées."

- **Sélectionnez cette phrase** en la surlignant avec votre souris.

- **Cliquez sur l'icône Copilot** dans la partie supérieure droite de votre écran.

- **Dans le panneau Copilot**, tapez une demande comme : "Propose-moi 3 façons différentes de formuler cette phrase."

- **Appuyez sur Entrée** et observez les suggestions que Copilot vous propose.

Les résultats vous surprendront probablement par leur variété et leur pertinence. Pour notre exemple simple, Copilot pourrait suggérer des alternatives comme : "Veuillez trouver ci-joint les informations que vous avez demandées.", "Les informations que vous recherchiez sont jointes à ce message.", ou encore "Comme convenu, voici les informations souhaitées."

La beauté de cette fonctionnalité réside dans sa flexibilité. Vous pouvez préciser le style que vous recherchez en ajoutant des qualificatifs à votre demande. Voici quelques variations que vous pourriez essayer :

- "Reformule cette phrase de façon plus formelle."

- "Propose une version plus concise de ce texte."

- "Reformule de manière plus chaleureuse et amicale."

- "Donne une version plus directe et professionnelle."

- "Reformule pour un style plus simple et facile à comprendre."

Je me souviens de Catherine, une assistante administrative de 58 ans, qui utilisait toujours les mêmes formulations dans ses emails professionnels et craignait que cela ne donne une impression de monotonie. Lors d'une formation, je lui ai montré comment utiliser Copilot pour varier ses expressions. Son visage s'est illuminé : "C'est exactement ce dont j'avais besoin ! C'est comme avoir un dictionnaire de synonymes, mais en beaucoup mieux !"

Cette fonctionnalité est particulièrement utile dans plusieurs situations courantes :

Lorsque vous rédigez un message important et que vous voulez être sûr de trouver le ton juste. Par exemple, un email de remerciement à un client ou un message à votre responsable. Demandez à Copilot de vous proposer différentes formulations, puis choisissez celle qui vous semble la plus appropriée.

Quand vous relisez un document et remarquez que vous avez utilisé plusieurs fois la même expression. Sélectionnez l'une de ces répétitions et demandez à Copilot de la reformuler différemment pour apporter de la variété à votre texte.

Si vous devez adapter un message pour différents destinataires. Vous pouvez rédiger une version initiale, puis demander à Copilot de la reformuler pour chaque audience spécifique (plus formelle pour un supérieur, plus détendue pour un collègue proche, etc.).

Un aspect pratique de cette fonction est que vous pouvez l'utiliser aussi bien pour des phrases isolées que pour des paragraphes entiers. Si vous avez rédigé un paragraphe complet et que vous n'êtes pas satisfait du résultat, sélectionnez-le et demandez à

Copilot de le reformuler. Vous obtiendrez une nouvelle version qui conservera le sens original mais avec une structure et des expressions différentes.

Voici un petit exercice que je vous propose pour vous familiariser avec cette fonctionnalité : prenez une phrase simple de votre quotidien, comme "Je ne pourrai pas assister à la réunion demain." Demandez à Copilot de vous proposer plusieurs façons de la reformuler, puis observez les différentes nuances et styles qu'il vous suggère. C'est un excellent moyen de prendre conscience de la richesse d'expression que Copilot peut vous offrir.

Une question que l'on me pose souvent lors de mes formations concerne la qualité des reformulations. "Est-ce que Copilot comprend vraiment le sens de ce que je veux dire ?" La réponse est que Copilot a été entraîné sur d'énormes quantités de textes, ce qui lui permet de saisir assez bien le sens général de votre message et de proposer des alternatives pertinentes. Cependant, il reste essentiel de relire les suggestions pour vous assurer qu'elles correspondent bien à ce que vous souhaitez exprimer.

Le contrôle final reste entre vos mains. Considérez les suggestions de Copilot comme des propositions, pas comme des directives. Vous êtes libre de les adopter telles quelles, de les modifier légèrement ou de les ignorer complètement si elles ne correspondent pas à votre intention.

La capacité de reformulation de Copilot peut aussi vous aider à améliorer votre propre expression écrite au fil du temps. En observant les différentes façons dont Copilot reformule vos phrases, vous enrichissez progressivement votre propre vocabulaire et votre répertoire d'expressions. C'est un peu comme avoir un coach d'écriture personnel qui vous propose constamment de nouvelles façons de vous exprimer.

Paul, un cadre commercial de 62 ans participant à l'une de mes formations, était particulièrement impressionné par cet aspect :

"J'utilise toujours les mêmes tournures dans mes rapports. Avec Copilot, je découvre de nouvelles façons de présenter mes idées. C'est comme si on me proposait un menu au lieu d'un plat unique !"

Un autre avantage de cette fonctionnalité est qu'elle peut vous aider à surmonter le syndrome de la page blanche. Si vous avez du mal à démarrer un document, commencez par écrire vos idées de façon très simple, sans vous préoccuper du style ou de l'élégance. Ensuite, utilisez Copilot pour reformuler ces ébauches en un texte plus raffiné.

Pour les personnes qui ne sont pas de langue maternelle française ou qui manquent de confiance dans leur expression écrite, cette fonctionnalité est particulièrement précieuse. Elle permet de vérifier si ce que vous avez écrit sonne naturel, ou d'explorer des formulations plus idiomatiques que vous n'auriez peut-être pas trouvées seul.

La reformulation peut également vous aider à adapter votre message à différents contextes. Par exemple, vous pouvez demander à Copilot de transformer un texte technique en explication simple accessible à tous, ou inversement, de donner un ton plus spécialisé à une description basique.

Quelques astuces pratiques pour tirer le meilleur parti de cette fonctionnalité :

- **Soyez précis dans vos demandes** : Plus votre instruction est claire, plus la reformulation sera adaptée à vos besoins.

- **Expérimentez avec différents qualificatifs** : "plus concis", "plus enthousiaste", "plus diplomatique", "plus simple", etc.

- **Comparez plusieurs versions** : N'hésitez pas à demander plusieurs reformulations et à comparer les résultats.

- **Combinez avec d'autres demandes** : Vous pouvez, par exemple, demander à Copilot de reformuler votre texte ET de corriger les éventuelles erreurs grammaticales.

Je me souviens de Martine, une secrétaire médicale de 55 ans, qui avait du mal à trouver le ton juste dans ses emails aux patients. Trop formels, ils semblaient froids, trop familiers, ils paraissaient peu professionnels. Je lui ai montré comment utiliser Copilot pour explorer différentes formulations du même message, en lui demandant spécifiquement un "ton professionnel mais bienveillant". Sa réaction ? "C'est exactement ce que je cherchais depuis des années ! Ni trop guindé, ni trop décontracté."

Un dernier conseil : n'hésitez pas à "jouer" avec cette fonctionnalité pour découvrir ses possibilités. Demandez à Copilot de reformuler la même phrase de façons très différentes : plus humoristique, plus poétique, plus directe, etc. C'est en explorant ces variations que vous développerez une meilleure compréhension de ce que Copilot peut faire pour vous et de comment formuler vos demandes pour obtenir les meilleurs résultats.

Pour reprendre notre analogie du début, si trouver la formulation parfaite est un casse-tête, Copilot est comme avoir un ami qui vous propose constamment de nouvelles pièces et de nouvelles façons de les assembler. Le puzzle reste le vôtre, mais le processus devient beaucoup plus fluide et créatif.

Dans le prochain chapitre, nous explorerons comment appliquer concrètement Copilot dans des situations spécifiques avec Word et Outlook. Vous découvrirez comment cet outil peut vous aider à rédiger plus facilement dans Word et à gérer vos emails sans stress dans Outlook. Ces applications pratiques vous permettront d'intégrer naturellement Copilot dans votre quotidien numérique.

3. Appliquer Copilot : Simplifier Vos Tâches dans Word et Outlook

Vous avez fait d'excellents progrès ! Après avoir découvert ce qu'est Copilot et expérimenté quelques interactions simples, il est temps de passer à des applications concrètes dans votre quotidien. Dans ce chapitre, nous allons explorer ensemble comment Copilot peut vous aider directement dans les deux applications que vous utilisez probablement le plus souvent : Word et Outlook.

J'ai choisi de me concentrer sur ces deux applications car elles font partie de votre routine numérique habituelle. Plutôt que d'introduire de nouveaux environnements, nous allons voir comment intégrer Copilot dans des outils que vous connaissez déjà. C'est un peu comme découvrir une nouvelle fonction sur votre four ou votre téléphone que vous utilisiez déjà tous les jours sans savoir qu'elle existait.

La rédaction est souvent un défi pour beaucoup d'entre nous. Que ce soit pour écrire un simple email, préparer un compte-rendu ou rédiger une note, nous nous retrouvons parfois bloqués devant la page blanche, cherchant les mots justes ou luttant pour organiser nos idées. C'est précisément là que Copilot dans Word peut vous apporter une aide précieuse.

Dans Outlook, la gestion des emails représente pour beaucoup une source de stress ou, du moins, une tâche chronophage. L'afflux constant de messages à lire, comprendre et traiter peut rapidement devenir écrasant. Copilot peut vous aider à naviguer dans cette marée d'informations de façon plus efficace et sereine.

Mon objectif dans ce chapitre n'est pas de vous transformer en expert de Word ou Outlook. Je pars du principe que vous utilisez déjà ces applications à votre façon, avec votre niveau de confort actuel. Ce que je souhaite vous montrer, c'est comment Copilot peut s'intégrer naturellement dans votre usage existant pour vous faciliter certaines tâches spécifiques.

Nous allons explorer quatre usages pratiques et accessibles, même pour les débutants :

- **Ébaucher un paragraphe simple** dans Word avec l'aide de Copilot

- **Reformuler une phrase pour plus de clarté** dans Word instantanément

- **Rédiger une réponse email courte et adaptée** rapidement grâce à Copilot

- **Saisir l'essentiel d'un long email** en un clin d'œil via Copilot dans Outlook

Chacun de ces usages répondra à un besoin concret que vous avez probablement ressenti : le blocage face à la page blanche, la difficulté à trouver les mots justes, l'hésitation sur la façon de répondre à un email, ou le manque de temps pour lire entièrement un long message.

La beauté de ces fonctionnalités est qu'elles ne nécessitent aucune expertise particulière. Si vous savez écrire un document simple dans Word ou envoyer un email dans Outlook, vous avez déjà toutes les compétences nécessaires pour utiliser Copilot dans ces applications.

Je me souviens de Monique, une assistante administrative de 57 ans qui participait à l'une de mes formations. Quand je lui ai montré comment Copilot pouvait l'aider à rédiger une première ébauche de compte-rendu dans Word, elle a été stupéfaite par la simplicité du processus. "Mais c'est exactement ce qui me prend le plus de temps chaque semaine !" m'a-t-elle confié. Une simple demande à Copilot lui a permis de gagner près d'une heure sur sa tâche habituelle.

Pour aborder ce chapitre sereinement, gardez à l'esprit que nous procéderons étape par étape, avec des instructions très claires. Vous ne serez jamais laissé seul face à une instruction compliquée ou un jargon technique. Je vais vous guider comme si j'étais à côté de vous, vous montrant exactement où cliquer et quoi écrire.

Un aspect que j'apprécie particulièrement avec ces fonctionnalités de Copilot, c'est qu'elles vous laissent toujours le contrôle. Copilot propose, vous disposez. Vous gardez la main sur le contenu final et décidez ce que vous souhaitez conserver, modifier ou ignorer. C'est un peu comme avoir un assistant qui vous fait des suggestions, mais c'est vous qui prenez les décisions finales.

Pour tirer le meilleur parti de ce chapitre, je vous conseille de l'explorer avec votre ordinateur allumé et Word ou Outlook ouvert. Ainsi, vous pourrez essayer immédiatement les fonctionnalités que je vous présente. L'apprentissage par la pratique est toujours plus efficace que la simple lecture.

Si vous vous sentez un peu nerveux à l'idée d'utiliser Copilot dans vos documents réels, je vous suggère de créer un document "test" dans Word et de pratiquer d'abord dans cet environnement sécurisé. De même dans Outlook, vous pouvez vous envoyer un email à vous-même pour tester les fonctionnalités sans risque.

Une question que l'on me pose souvent lors de mes formations est : "Est-ce que Copilot va écrire exactement comme moi ?" La réponse est non, et c'est normal. Copilot a son propre style. C'est pourquoi il est important de considérer ses suggestions comme un point de départ que vous pourrez personnaliser pour refléter votre voix et votre style personnel.

Cette personnalisation fait partie intégrante du processus. Je vous montrerai comment prendre les suggestions de Copilot et les adapter à vos besoins spécifiques. C'est un peu comme recevoir un modèle de lettre que vous ajustez ensuite pour qu'il vous corresponde parfaitement.

Un conseil que je donne toujours à mes stagiaires : n'ayez pas peur d'expérimenter et de faire des erreurs. Si une suggestion de Copilot ne vous convient pas, vous pouvez simplement l'ignorer ou en demander une autre. Rien n'est irréversible, et chaque tentative est une occasion d'apprendre et de mieux comprendre comment collaborer avec cet outil.

La simplicité est au cœur de ce chapitre. Nous nous concentrerons sur des tâches basiques mais utiles, sans nous aventurer dans des fonctionnalités complexes. L'objectif est que vous puissiez, dès aujourd'hui, utiliser Copilot pour vous faciliter des tâches concrètes dans Word et Outlook.

Je vous invite maintenant à tourner la page et à découvrir comment Copilot peut vous aider à rédiger plus facilement dans Word. Nous commencerons par voir comment il peut vous assister pour ébaucher un premier paragraphe, cette étape souvent intimidante qui peut parfois vous bloquer pendant de longues minutes devant votre écran.

Ce voyage à travers les applications que vous connaissez déjà, mais avec un nouvel assistant à vos côtés, promet d'être à la fois rassurant et révélateur. Vous découvrirez que la technologie, même celle basée sur l'intelligence artificielle, peut être étonnamment accessible quand elle est présentée de façon simple et orientée vers vos besoins réels.

Dans les prochaines sections, nous plongerons dans des exemples concrets, avec des instructions pas à pas qui vous permettront d'expérimenter immédiatement. Chaque petit succès renforcera votre confiance et vous encouragera à explorer davantage. Prêt à découvrir comment Copilot peut simplifier votre utilisation de Word et Outlook ? Allons-y ensemble, à votre rythme et sans pression.

3.1 Activer l'Assistance de Copilot dans Word pour Rédiger Plus Facilement

3.1.1 Ébaucher Votre Premier Paragraphe Simple dans Word avec l'Aide de Copilot

La page blanche. Ce sentiment d'être face à un document vide et de ne pas savoir par où commencer. Nous l'avons tous connu, ce moment d'hésitation où les mots ne viennent pas, où les idées semblent se cacher. C'est précisément dans ces moments que Copilot peut devenir votre meilleur allié, même si vous n'avez jamais utilisé d'intelligence artificielle auparavant.

Rédiger un premier paragraphe est souvent l'étape la plus difficile de tout travail d'écriture. Comme un moteur qui a besoin de chauffer avant de fonctionner correctement, notre cerveau cherche parfois la bonne formulation pour démarrer. Avec Copilot, vous disposez désormais d'un assistant qui peut vous aider à surmonter cette difficulté initiale.

Je vais vous montrer comment utiliser Copilot pour ébaucher votre premier paragraphe dans Word, étape par étape, sans jargon technique ni procédures compliquées. Vous verrez qu'en quelques clics simples, vous pourrez obtenir une première version qui servira de point de départ à votre document.

Avant de commencer, laissez-moi vous rassurer : demander de l'aide à Copilot pour débuter votre rédaction n'est pas "tricher". C'est simplement utiliser un outil à votre disposition, comme vous utiliseriez un dictionnaire pour vérifier l'orthographe d'un mot. Vous gardez toujours le contrôle final sur ce que vous écrivez.

Voici les étapes simples pour créer votre premier paragraphe avec l'aide de Copilot :

- **Ouvrez Word et créez un nouveau document** : Lancez Microsoft Word sur votre ordinateur et ouvrez un document vide.

- **Cliquez sur l'icône Copilot** : Repérez l'icône Copilot dans le coin supérieur droit de votre écran (nous l'avons identifiée ensemble dans un chapitre précédent).

- **Formulez votre demande** : Dans le panneau qui s'ouvre, expliquez simplement ce que vous souhaitez rédiger.

- **Examinez la suggestion** : Copilot vous proposera un texte que vous pourrez utiliser comme point de départ.

- **Personnalisez le résultat** : Modifiez le texte selon vos besoins pour qu'il reflète vraiment votre style et vos idées.

L'efficacité de votre demande dépend beaucoup de sa clarté. Plus votre requête sera précise, plus la suggestion de Copilot sera pertinente. Par exemple, au lieu de demander simplement "Écris un paragraphe", vous obtiendrez de meilleurs résultats avec une demande comme "Écris un paragraphe d'introduction pour une lettre de motivation pour un poste d'assistant administratif".

Pour vous aider à formuler des demandes efficaces lors de vos premiers essais, je vous propose quelques exemples que vous pouvez copier-coller directement dans Copilot :

- "Rédige un paragraphe d'introduction pour un email remerciant un client de sa fidélité."

- "Écris un paragraphe présentant brièvement mon entreprise qui vend des produits bio locaux."

- "Propose un paragraphe pour décrire une réunion d'équipe à venir."

- "Crée un paragraphe expliquant simplement ce qu'est le recyclage à un enfant."

- "Rédige un paragraphe pour inviter des amis à une fête d'anniversaire."

Je me souviens de Martine, une secrétaire médicale de 61 ans, qui avait toujours lutté avec la rédaction des comptes-rendus de réunion. Lors de notre première session, je lui ai montré comment demander à Copilot : "Rédige un paragraphe d'introduction pour un compte-rendu de réunion sur l'organisation des congés d'été." Son visage s'est illuminé quand elle a vu le résultat. "C'est exactement ce que je cherchais à dire, mais je n'arrivais pas à le formuler !" m'a-t-elle confié.

Une chose importante à comprendre est que la suggestion de Copilot n'est qu'un point de départ. Vous n'êtes pas obligé de l'accepter telle quelle. Vous pouvez la modifier, en garder certaines parties, en supprimer d'autres, ou simplement l'utiliser comme inspiration pour votre propre rédaction.

Si la première suggestion ne vous convient pas parfaitement, n'hésitez pas à affiner votre demande. Vous pourriez par exemple préciser le ton souhaité : "plus formel", "plus amical", "plus concis", etc. C'est un peu comme donner des instructions plus précises à un collègue qui vous aide sur un projet.

Pour vous montrer concrètement comment cela fonctionne, prenons un exemple pas à pas :

1. Imaginons que vous souhaitiez rédiger un email pour proposer une idée à votre équipe.

2. Dans Word, après avoir cliqué sur l'icône Copilot, vous pourriez taper : "Suggère un paragraphe pour proposer à mon équipe l'idée d'organiser un déjeuner mensuel pour renforcer la cohésion."

3. Copilot vous proposera alors un paragraphe que vous pourrez utiliser comme base.

4. Vous pourrez ensuite personnaliser ce texte en fonction de votre style personnel et du contexte spécifique de votre équipe.

Cette approche progressive vous permet de surmonter l'angoisse de la page blanche tout en gardant le contrôle sur le contenu final.

Un avantage souvent sous-estimé de cette méthode est qu'elle vous aide également à structurer vos idées. Parfois, nous savons ce que nous voulons dire, mais pas comment l'organiser de façon cohérente. La suggestion de Copilot peut vous offrir une structure logique que vous pourrez ensuite adapter.

L'utilisation de Copilot pour ébaucher un paragraphe peut aussi être un excellent exercice d'apprentissage. En observant comment l'outil formule certaines idées, vous pouvez enrichir votre propre vocabulaire et améliorer vos compétences rédactionnelles au fil du temps.

Pour les personnes qui ne sont pas à l'aise avec l'écriture ou qui doutent de leurs capacités, Copilot peut être particulièrement libérateur. Il élimine cette première barrière intimidante et vous permet de vous concentrer sur le contenu plutôt que sur la formulation. Le sentiment d'accomplissement qui en résulte peut être très motivant.

Je me rappelle de Paul, un comptable proche de la retraite, qui avait toujours délégué les tâches de rédaction à ses collègues. "Je ne sais pas écrire", disait-il. Après lui avoir montré comment utiliser Copilot pour ébaucher un simple email, il a commencé à prendre confiance. "C'est comme avoir un coach d'écriture personnel", m'a-t-il dit avec un sourire.

Certaines personnes s'inquiètent que leur texte ne semble pas authentique s'ils utilisent Copilot. C'est pourquoi l'étape de personnalisation est si importante. Après avoir obtenu la suggestion, prenez le temps de la lire attentivement et de la modifier pour qu'elle reflète votre voix et votre style personnels. Ajoutez des détails spécifiques que seul vous connaissez, modifiez certaines formulations pour qu'elles vous ressemblent davantage.

Voici quelques astuces supplémentaires pour tirer le meilleur parti de cette fonctionnalité :

- **Commencez par des sujets simples** : Pour vos premiers essais, choisissez des sujets que vous connaissez bien.

- **Soyez spécifique** : Plus votre demande contient de détails précis, meilleure sera la suggestion.

- **Expérimentez avec différents tons** : Essayez de demander des variations comme "ton professionnel" ou "ton amical" pour voir les différences.

- **Utilisez-le comme source d'inspiration** : Même si vous n'utilisez pas le texte tel quel, il peut vous donner des idées pour votre propre rédaction.

Pour votre tout premier essai, je vous suggère de créer un document "brouillon" dans Word, où vous pourrez expérimenter sans pression. Cela vous permettra de vous familiariser avec le processus dans un environnement sécurisé avant de l'utiliser pour des documents importants.

Une question que l'on me pose souvent est : "Et si je n'aime pas du tout la suggestion de Copilot ?" C'est tout à fait normal et cela peut arriver. Dans ce cas, vous avez plusieurs options : demander à Copilot de reformuler en précisant mieux vos attentes, essayer une approche complètement différente, ou simplement ignorer la suggestion et rédiger vous-même. Rappelez-vous que Copilot est un outil à votre service, pas l'inverse.

La beauté de cette fonctionnalité est qu'elle vous aide à démarrer, mais vous laisse la liberté de façonner le résultat final. C'est un peu comme avoir un assistant qui vous propose une première ébauche, que vous pouvez ensuite retravailler selon vos besoins et préférences.

À mesure que vous gagnerez en confiance avec cet outil, vous découvrirez probablement vos propres façons de l'utiliser efficacement. Certains préfèrent des demandes très détaillées, d'autres optent pour des requêtes plus générales suivies de plusieurs affinements. Il n'y a pas de méthode unique, l'important est de trouver ce qui fonctionne le mieux pour vous.

Dans notre prochaine section, nous verrons comment utiliser Copilot non seulement pour créer du contenu, mais aussi pour améliorer un texte que vous avez déjà écrit. Vous découvrirez comment reformuler une phrase ou un paragraphe pour plus de clarté, une fonctionnalité particulièrement utile lorsque vous relisez votre travail.

3.1.2 REFORMULER UNE PHRASE POUR PLUS DE CLARTÉ DANS WORD INSTANTANÉMENT

L'art de bien s'exprimer par écrit représente un défi pour beaucoup d'entre nous. Parfois, les mots ne viennent pas exactement comme nous le souhaiterions. Une phrase peut sembler maladroite, trop complexe ou simplement pas assez claire. C'est dans ces moments que la fonction de reformulation de Copilot devient un véritable trésor caché dans Word.

Cette fonctionnalité que je vais vous montrer maintenant est probablement l'une des plus simples à utiliser et pourtant l'une des plus utiles au quotidien. Elle vous permet de transformer instantanément une phrase qui ne vous satisfait pas en une version plus claire, plus élégante ou mieux adaptée à votre besoin.

Imaginez avoir un collègue bienveillant qui lirait votre texte et vous proposerait gentiment : "Et si tu disais plutôt cela comme ça ?" C'est exactement ce que fait Copilot, mais sans le jugement ou l'impatience qu'un humain pourrait parfois montrer.

Le principe est d'une simplicité désarmante : vous sélectionnez la phrase ou le paragraphe qui vous pose problème, vous demandez à Copilot de le reformuler selon vos critères, et quelques secondes plus tard, vous obtenez une nouvelle version que vous pouvez adopter ou non. Tout le contrôle reste entre vos mains.

Je vais vous guider pas à pas dans cette petite magie quotidienne, en commençant par les étapes les plus fondamentales :

- **Écrivez d'abord votre texte** : Rédigez votre phrase ou paragraphe comme vous le pouvez, sans trop vous soucier de la formulation parfaite pour l'instant.

- **Sélectionnez le texte à reformuler** : Cliquez au début du texte concerné, maintenez le bouton de la souris enfoncé et faites glisser jusqu'à la fin du texte.

- **Ouvrez Copilot** : Cliquez sur l'icône Copilot dans le coin supérieur droit de Word.

- **Formulez votre demande** : Tapez une phrase comme "Reformule cette phrase pour plus de clarté" ou "Propose une version plus simple de ce paragraphe".

- **Consultez la proposition** : Lisez attentivement la reformulation proposée par Copilot.

- **Appliquez si vous êtes satisfait** : Si la proposition vous convient, vous pouvez la copier et remplacer votre texte original.

Cette fonctionnalité s'avère particulièrement utile dans plusieurs situations courantes. Quand vous rédigez un email professionnel et cherchez le ton juste, ni trop familier ni trop guindé. Lorsque vous préparez un document important et souhaitez vous assurer que votre message est parfaitement clair. Ou encore quand vous remarquez que vous avez utilisé plusieurs fois la même formulation et cherchez à varier votre style.

Je me souviens de Christine, une assistante de direction de 54 ans, qui préparait régulièrement des comptes-rendus de réunion. Elle me confiait : "Je sais ce que je veux dire, mais je n'arrive pas toujours à le formuler clairement." Après lui avoir montré cette fonction simple de Copilot, elle l'utilisait chaque semaine pour affiner ses phrases clés et s'assurer que ses messages étaient bien compris.

La puissance de cette fonctionnalité réside dans sa flexibilité. Vous pouvez demander différents types de reformulations selon vos besoins spécifiques. Voici quelques exemples de demandes que vous pourriez faire :

- "Reformule cette phrase de façon plus concise."

- "Reformule ce paragraphe avec un ton plus formel."

- "Propose une version plus simple de ce texte, comme si tu l'expliquais à un enfant."

- "Reformule cette phrase de manière plus positive."

- "Propose une version plus structurée de ce paragraphe."

Prenons un exemple concret. Imaginons que vous ayez écrit cette phrase : "Suite à notre conversation téléphonique d'hier concernant le projet X, je me permets de vous contacter afin de vous transmettre les informations que vous m'avez demandées et dont vous avez besoin pour avancer sur le dossier."

Cette phrase n'est pas incorrecte, mais elle est un peu longue et pourrait être plus directe. Après avoir sélectionné cette phrase et demandé à Copilot de la "reformuler de façon plus concise", vous pourriez obtenir : "Comme convenu lors de notre appel d'hier sur le projet X, voici les informations demandées pour avancer sur le dossier."

La différence peut sembler subtile, mais la seconde version est plus directe et plus facile à lire. C'est ce genre d'amélioration qui, appliquée à l'ensemble d'un document, peut considérablement augmenter sa clarté et son impact.

Un aspect que j'apprécie particulièrement est la possibilité d'ajuster progressivement votre texte. Si la première reformulation ne vous satisfait pas complètement, vous pouvez faire une nouvelle demande plus spécifique. Par exemple : "Rends cette phrase encore plus directe et dynamique." Cette approche conversationnelle vous permet d'affiner votre texte jusqu'à ce qu'il corresponde exactement à ce que vous souhaitez exprimer.

Pour les personnes qui ne sont pas de langue maternelle française ou qui manquent d'assurance dans leur expression écrite, cette fonctionnalité est particulièrement précieuse. Elle permet de vérifier si ce que vous avez écrit sonne naturel et conforme aux usages.

Michel, un comptable de 59 ans, utilisait régulièrement cette fonction pour ses communications en anglais. "Je connais les termes techniques de mon métier, mais je ne suis pas toujours sûr des tournures de phrases en anglais", m'expliquait-il. Grâce à Copilot, il pouvait rédiger d'abord en français, traduire, puis demander des reformulations pour obtenir un texte qui sonne plus naturel en anglais.

Bien que nous nous concentrions sur Word dans cette section, sachez que cette même fonctionnalité est disponible dans Outlook lorsque vous rédigez un email. Le processus est identique : sélectionnez le texte, ouvrez Copilot, demandez une reformulation. C'est particulièrement utile pour les messages importants où le ton et la clarté sont essentiels.

Je voudrais souligner que l'objectif n'est pas de remplacer votre voix ou votre style personnel. Au contraire, Copilot vous aide à mieux exprimer vos propres idées. Les reformulations proposées ne sont que des suggestions que vous êtes libre d'adopter, d'adapter ou d'ignorer. Vous restez maître de votre texte.

Pour tirer le meilleur parti de cette fonctionnalité, voici quelques conseils pratiques :

- **Soyez spécifique dans vos demandes** : Plus votre instruction est précise, plus la reformulation sera adaptée à votre besoin.

- **Essayez différentes approches** : N'hésitez pas à demander plusieurs types de reformulations pour explorer différentes façons d'exprimer votre idée.

- **Faites confiance à votre jugement** : Vous connaissez mieux que quiconque ce que vous voulez dire. Utilisez

Copilot comme un outil, pas comme un décideur final.

- **Travaillez par petites sections** : La reformulation fonctionne mieux sur des passages courts à moyens. Pour un long document, traitez-le par morceaux.

Une question que l'on me pose souvent est : "Est-ce que ce n'est pas un peu tricher que de faire reformuler son texte par Copilot ?" Ma réponse est simple : pas du tout ! C'est exactement comme utiliser un dictionnaire des synonymes ou demander l'avis d'un collègue. Copilot est un outil qui vous aide à améliorer votre expression, pas quelqu'un qui écrit à votre place.

Un des grands avantages de cette fonctionnalité est qu'elle peut progressivement améliorer vos propres compétences rédactionnelles. En observant les différentes façons dont Copilot reformule vos phrases, vous enrichissez votre vocabulaire et développez votre sensibilité aux nuances de la langue. C'est un peu comme avoir un coach d'écriture personnel qui vous montre constamment des alternatives.

La reformulation peut aussi vous aider à surmonter le perfectionnisme qui bloque parfois l'avancement d'un projet d'écriture. Au lieu de rester bloqué sur une formulation qui ne vous satisfait pas, vous pouvez rapidement explorer d'autres options et continuer votre travail.

Je vous encourage à faire un petit exercice pratique dès maintenant. Ouvrez Word, écrivez une phrase simple, puis demandez à Copilot de la reformuler de différentes façons. Observez les variations proposées et réfléchissez à ce qui fonctionne le mieux pour votre intention de communication. Cet exercice simple vous permettra de vous familiariser avec cette fonctionnalité tout en développant votre sensibilité stylistique.

Les possibilités de reformulation ne se limitent pas au style ou à la clarté. Vous pouvez également demander à Copilot d'adapter votre texte à un public spécifique. Par exemple : "Reformule ce paragraphe pour un public de débutants en informatique" ou "Adapte ce texte pour des professionnels du marketing". Cette flexibilité vous permet d'ajuster votre communication selon vos destinataires.

Dans notre prochain chapitre, nous quitterons Word pour explorer comment Copilot peut vous aider dans Outlook, l'application de messagerie que vous utilisez probablement au quotidien. Vous découvrirez comment il peut vous aider à rédiger des réponses adaptées et à comprendre rapidement les emails longs. Des fonctionnalités qui peuvent vous faire gagner un temps précieux dans la gestion de votre boîte de réception.

3.2 Intégrer Copilot dans Outlook pour Gérer Vos Emails Sans Stress

3.2.1 Rédiger une Réponse Email Courte et Adaptée Rapidement grâce à Copilot

La rédaction d'emails est une tâche quotidienne qui peut parfois nous prendre plus de temps que nous le souhaiterions. Que ce soit pour répondre à une demande d'information, confirmer un rendez-vous ou simplement accuser réception d'un message, nous passons tous de précieuses minutes à réfléchir à la meilleure façon de formuler nos réponses. C'est précisément dans ces moments que Copilot dans Outlook devient un allié précieux, même si vous n'avez jamais utilisé d'intelligence artificielle auparavant.

Répondre à un email peut sembler simple, mais trouver le ton juste, inclure toutes les informations nécessaires et rester concis demande souvent réflexion et plusieurs relectures. L'objectif de cette section est de vous montrer comment utiliser Copilot pour gagner du temps tout en conservant votre touche personnelle dans vos communications.

Je vous rassure tout de suite : utiliser Copilot pour vous aider à rédiger un email ne signifie pas abandonner votre style ou votre personnalité. C'est plutôt comme avoir un assistant qui vous propose un premier brouillon que vous pourrez ensuite modifier selon vos préférences. Vous gardez toujours le contrôle final sur ce que vous envoyez.

Pour rédiger rapidement une réponse email avec l'aide de Copilot, voici les étapes simples à suivre :

- **Ouvrez l'email auquel vous souhaitez répondre** dans Outlook.

- **Cliquez sur le bouton "Répondre"** comme vous le feriez habituellement.

- **Repérez l'icône Copilot** dans la barre d'outils supérieure de votre fenêtre de réponse. Elle ressemble à un petit personnage stylisé ou à une silhouette avec un casque.

- **Cliquez sur cette icône** pour activer Copilot.

- **Formulez votre demande** dans le panneau qui s'ouvre, par exemple : "Aide-moi à rédiger une réponse courte à cet email pour confirmer ma disponibilité pour la réunion."

- **Examinez la suggestion** générée par Copilot.

- **Personnalisez la réponse** si nécessaire avant de l'envoyer.

La qualité de la réponse générée par Copilot dépend beaucoup de la précision de votre demande. Plus vous êtes spécifique sur ce que vous attendez, meilleure sera la suggestion. Voici quelques exemples de demandes efficaces pour différentes situations :

- "Rédige une réponse polie pour décliner cette invitation."

- "Aide-moi à répondre à ce client en demandant plus d'informations sur son problème."

- "Propose une réponse courte pour remercier mon collègue de son aide."

- "Crée une réponse professionnelle pour confirmer la réception de ces documents."

- "Aide-moi à formuler une réponse diplomate à cette demande urgente."

Je me souviens de Marie-Claude, une assistante de direction de 58 ans qui participait à l'une de mes formations. Elle passait environ trois heures par jour à répondre à des emails, souvent similaires. Lorsqu'elle a découvert comment utiliser Copilot pour l'aider dans cette tâche, elle a été émerveillée par le gain de temps. "C'est comme si quelqu'un me soufflait les bons mots au bon moment," m'a-t-elle confié.

Un aspect particulièrement pratique de Copilot dans Outlook est sa capacité à analyser le contenu de l'email reçu pour proposer une réponse contextuelle. Il peut comprendre s'il s'agit d'une invitation, d'une demande d'information ou d'un simple message de remerciement, et adapter sa suggestion en conséquence. Cette compréhension du contexte rend les réponses générées beaucoup plus pertinentes.

Pour les personnes qui ne sont pas à l'aise avec la rédaction ou qui doutent de leurs capacités à formuler correctement leurs pensées, Copilot peut être particulièrement libérateur. Il propose des formulations claires et professionnelles que vous pouvez utiliser telles quelles ou adapter selon vos besoins.

Prenons un exemple concret. Imaginons que vous receviez un email d'un collègue vous demandant votre avis sur un document qu'il vous a envoyé. Vous avez lu le document, vous avez quelques commentaires à faire, mais vous n'êtes pas sûr de la meilleure façon de les présenter. Voici comment procéder :

1. Ouvrez l'email de votre collègue.

2. Cliquez sur "Répondre".

3. Activez Copilot en cliquant sur son icône.

4. Demandez : "Aide-moi à rédiger une réponse pour donner mon avis sur le document. J'ai trouvé les idées intéressantes mais la partie sur les objectifs manque de clarté. Je suggère d'ajouter des exemples concrets."

5. Copilot vous proposera une réponse structurée intégrant vos commentaires.

6. Vous pourrez alors personnaliser cette réponse avant de l'envoyer.

Cette approche vous permet de gagner du temps tout en vous assurant que votre message est clair et bien structuré.

Si la première suggestion de Copilot ne correspond pas exactement à ce que vous souhaitez, n'hésitez pas à affiner votre demande. Vous pourriez par exemple préciser : "Peux-tu rendre la réponse plus concise ?" ou "J'aimerais un ton plus enthousiaste." Copilot s'adaptera à vos instructions pour générer une nouvelle suggestion qui répond mieux à vos attentes.

L'utilisation régulière de Copilot pour la rédaction d'emails peut également vous aider à améliorer progressivement vos propres compétences rédactionnelles. En observant les formulations proposées, vous enrichissez votre vocabulaire et découvrez différentes façons d'exprimer vos idées. C'est un peu comme avoir un coach d'écriture personnel qui vous fait des suggestions au quotidien.

Je tiens à souligner un point important : l'objectif n'est pas de déléguer entièrement la rédaction de vos emails à Copilot, mais plutôt de l'utiliser comme un outil qui vous fait gagner du temps et vous aide à communiquer plus efficacement. La touche personnelle que vous apporterez en modifiant les suggestions reste essentielle pour maintenir l'authenticité de vos échanges.

Pour maximiser les bénéfices de cette fonctionnalité tout en gardant le contrôle sur vos communications, voici quelques conseils pratiques :

- **Relisez toujours avant d'envoyer** : Même si la suggestion de Copilot semble parfaite, prenez quelques secondes pour la relire et vous assurer qu'elle correspond bien à votre intention.

- **Personnalisez au besoin** : Ajoutez des détails spécifiques que seul vous connaissez ou modifiez certaines formulations pour qu'elles correspondent mieux à votre style personnel.

- **Commencez par des emails simples** : Pour vos premiers essais, choisissez des emails relativement basiques avant de passer à des communications plus complexes.

- **Variez vos demandes** : Expérimentez différentes façons de formuler vos requêtes à Copilot pour découvrir celles qui vous donnent les meilleurs résultats.

Le temps que vous gagnerez en utilisant Copilot pour la rédaction d'emails peut être considérable, surtout si vous recevez un volume important de messages similaires. Imaginez réduire de moitié le temps passé à répondre à vos emails chaque jour. C'est non seulement un gain d'efficacité, mais aussi une réduction du stress lié à la gestion de votre boîte de réception.

Je me rappelle de Jean-Pierre, un directeur commercial de 62 ans, qui était particulièrement anxieux à l'idée d'utiliser l'intelligence artificielle. Après lui avoir montré comment utiliser Copilot pour répondre à un email client simple, il a été surpris par la facilité du processus. "Je pensais que ce serait compliqué, mais c'est vraiment comme avoir un assistant qui me propose des idées," m'a-t-il dit avec soulagement.

La beauté de cette fonctionnalité est qu'elle s'adapte à votre niveau de confort. Vous pouvez commencer par des utilisations très basiques, comme demander de l'aide pour une formule de politesse, puis progressivement explorer des usages plus élaborés à mesure que votre confiance grandit.

Pour votre premier essai avec Copilot dans Outlook, je vous suggère cette démarche simple :

1. Choisissez un email peu important auquel vous devez répondre.

2. Demandez à Copilot une suggestion de réponse basique.

3. Observez le résultat et notez ce qui vous plaît ou non dans la formulation.

4. Modifiez la suggestion selon vos préférences avant de l'envoyer.

Cette approche progressive vous permettra de vous familiariser avec l'outil sans pression, tout en développant votre propre façon de l'utiliser efficacement.

Dans notre prochaine section, nous explorerons une autre fonctionnalité très pratique de Copilot dans Outlook : la capacité à résumer rapidement les longs emails. Cette fonctionnalité vous fera gagner un temps précieux en vous permettant de saisir l'essentiel d'un message sans avoir à le lire entièrement. C'est particulièrement utile lorsque vous êtes pressé ou que vous recevez des emails contenant beaucoup d'informations.

3.2.2 Saisir l'Essentiel d'un Long Email en un Clin d'Œil via Copilot dans Outlook

Le sentiment de submersion face à une boîte de réception remplie d'emails longs et complexes est presque universel. Vous connaissez probablement cette sensation : ouvrir un message interminable et vous demander "Par où commencer ? Quelles sont les informations vraiment importantes ici ?" Avant Copilot, vous n'aviez d'autre choix que de lire l'intégralité du texte, parfois en diagonale, au risque de manquer des points essentiels. Aujourd'hui, je vais vous montrer comment utiliser Copilot dans Outlook pour extraire rapidement l'essentiel d'un long email.

Cette fonctionnalité est l'une des plus immédiatement utiles pour les débutants. Elle vous permet de gagner un temps précieux tout en vous assurant de ne manquer aucune information importante. C'est comme avoir un assistant qui lirait les emails pour vous et vous en présenterait un résumé clair et concis.

Lire et comprendre de longs emails représente un véritable défi pour plusieurs raisons. Notre capacité d'attention est limitée, surtout face à un écran. Les informations importantes sont souvent noyées dans des détails secondaires. Le temps nous manque pour tout lire attentivement. Copilot répond à ces défis en vous offrant un moyen simple d'extraire rapidement l'essentiel.

Je vais vous guider pas à pas pour utiliser cette fonctionnalité, en commençant par les bases les plus simples. Vous verrez qu'en quelques clics, vous pourrez transformer un email de plusieurs paragraphes en un résumé concis contenant uniquement les informations clés.

Voici la méthode la plus simple pour résumer un email avec Copilot dans Outlook :

- **Ouvrez l'email** que vous souhaitez résumer dans Outlook.

- **Repérez l'icône Copilot** dans la partie supérieure de la fenêtre (celle que nous avons identifiée ensemble dans les chapitres précédents).

- **Cliquez sur cette icône** pour activer Copilot.

- **Dans le panneau qui s'ouvre**, tapez simplement : "Résume cet email" ou "Quels sont les points clés de cet email ?"

- **Appuyez sur Entrée** et attendez quelques secondes que Copilot génère un résumé.

- **Consultez le résumé** généré dans le panneau Copilot.

Cette méthode fonctionne pour tous les types d'emails, qu'il s'agisse d'un compte-rendu de réunion, d'instructions détaillées pour un projet, ou d'une longue communication d'entreprise.

Certaines versions récentes d'Outlook proposent même une option encore plus simple. Quand vous ouvrez un email suffisamment long, vous pourriez voir apparaître automatiquement un bouton "Résumer" en haut du message. Un simple clic sur ce bouton activera la fonction de résumé sans que vous ayez besoin d'ouvrir le panneau Copilot et de taper une demande.

Je me souviens de Robert, un directeur commercial de 59 ans, qui passait près d'une heure chaque matin à trier et lire ses emails. Lorsque je lui ai montré comment utiliser Copilot pour résumer ses longs messages, il a été stupéfait par le gain de temps. "C'est comme si on m'offrait 20 minutes supplémentaires chaque jour," m'a-t-il dit avec enthousiasme.

Un aspect particulièrement utile de cette fonction est sa capacité à identifier les actions requises dans un email. Vous pouvez spécifiquement demander à Copilot de vous indiquer ce que l'on attend de vous dans ce message. Par exemple, en tapant : "Quelles sont les actions attendues de moi dans cet email ?" ou "Y a-t-il des échéances mentionnées dans ce message ?"

Pour illustrer concrètement l'utilité de cette fonction, prenons un exemple. Imaginez que vous recevez un long email de votre responsable concernant un projet en cours. L'email contient des mises à jour sur plusieurs aspects du projet, des informations contextuelles, et quelques tâches qui vous sont assignées avec des délais. Au lieu de lire attentivement tout le message pour identifier ce qui vous concerne directement, vous pouvez demander à Copilot : "Résume les tâches qui me sont assignées dans cet email avec leurs délais." En quelques secondes, vous obtenez une liste claire de vos responsabilités, vous permettant de planifier votre travail efficacement.

La qualité du résumé généré par Copilot dépend en partie de la clarté de votre demande. Plus vous êtes précis sur ce que vous recherchez dans l'email, plus le résumé sera pertinent pour vos besoins. Voici quelques exemples de demandes spécifiques que vous pourriez utiliser :

- "Résume cet email en 3 points clés."

- "Quelles sont les décisions prises dans cet email ?"

- "Identifie les dates importantes mentionnées dans ce message."

- "Résume les informations financières contenues dans cet email."

- "Quels sont les problèmes soulevés dans ce message ?"

Cette personnalisation vous permet d'extraire exactement le type d'informations dont vous avez besoin, sans vous encombrer de détails superflus.

Un conseil pratique que je donne souvent lors de mes formations : commencez par demander un résumé général de l'email, puis posez des questions plus spécifiques si nécessaire. Cette approche en deux temps vous permet d'avoir d'abord une vue d'ensemble, puis d'approfondir les aspects qui vous intéressent particulièrement.

La vérification reste importante, même si Copilot fait généralement un excellent travail de résumé. Pour les emails vraiment critiques, ou lorsque vous remarquez des incohérences dans le résumé, prenez quelques instants pour parcourir le message original. Considérez le résumé comme un guide qui vous aide à naviguer dans l'email, pas comme un remplacement complet de sa lecture.

L'utilisation régulière de cette fonctionnalité peut transformer votre façon de gérer votre boîte de réception. Plutôt que de reporter la lecture des emails longs ou de les survoler rapidement au risque de manquer des informations importantes, vous pouvez désormais les traiter efficacement et avec confiance.

Marie-Thérèse, une assistante de direction de 55 ans, m'a confié qu'avant de découvrir cette fonction, elle imprimait systématiquement les longs emails pour les lire tranquillement avec un surligneur. "Maintenant, je demande d'abord un résumé à Copilot, puis je décide si l'email mérite une lecture plus approfondie. J'économise non seulement du temps, mais aussi du papier !" m'a-t-elle expliqué avec un sourire.

Cette fonctionnalité est particulièrement précieuse dans certaines situations spécifiques :

- Lorsque vous revenez de vacances et faites face à une accumulation d'emails.

- Quand vous êtes en déplacement et consultez vos emails sur un petit écran.

- Pour les messages contenant de nombreuses informations techniques ou détaillées.

- Lors de communications en langue étrangère, où la compréhension peut demander plus d'effort.

Un autre usage intéressant est l'extraction des points de discussion d'une longue conversation par email. Si vous avez échangé plusieurs messages avec une personne ou un groupe sur un sujet spécifique, vous pouvez sélectionner toute la conversation et demander à Copilot : "Résume les principaux points discutés dans cet échange." Cela vous donne une vue d'ensemble claire de la conversation, particulièrement utile avant une réunion ou un appel.

N'oubliez pas que vous pouvez copier le résumé généré par Copilot et l'utiliser dans d'autres contextes. Par exemple, vous pourriez l'inclure dans vos notes personnelles, le partager avec des collègues concernés (en précisant qu'il s'agit d'un résumé automatique), ou l'utiliser comme base pour préparer une réponse.

Pour les personnes qui reçoivent de nombreux emails similaires, comme des rapports réguliers ou des mises à jour de projet, la fonctionnalité de résumé peut être combinée avec des règles de classement dans Outlook. Vous pouvez ainsi organiser vos emails par catégorie, puis utiliser Copilot pour résumer rapidement le contenu de chaque dossier, vous donnant une vue d'ensemble efficace de différents aspects de votre travail.

Si vous travaillez dans un environnement multilingue, sachez que Copilot peut résumer des emails dans diverses langues. Vous pouvez même lui demander de résumer un email reçu dans une langue étrangère et de vous présenter ce résumé en français, facilitant ainsi la communication internationale.

Je tiens à souligner que cette fonctionnalité respecte la confidentialité de vos emails. Copilot traite les informations dans le cadre sécurisé de Microsoft 365 et ne les partage pas avec des tiers. Vous pouvez donc l'utiliser en toute confiance, même pour des communications sensibles.

Maintenant que vous connaissez cette fonctionnalité puissante et simple à utiliser, je vous encourage à l'essayer dès aujourd'hui. La prochaine fois que vous recevrez un email long, au lieu de soupirer devant sa taille, voyez-le comme une opportunité de mettre en pratique ce que vous venez d'apprendre. Vous serez surpris de la rapidité avec laquelle vous pouvez extraire l'essentiel et passer à l'action.

Dans le prochain chapitre, nous explorerons comment renforcer votre confiance avec Copilot en améliorant votre communication avec cet assistant. Nous verrons comment affiner vos demandes pour obtenir des réponses encore plus pertinentes, une compétence qui vous sera utile dans toutes vos interactions avec Copilot.

4. Renforcer Votre Confiance : Mieux Communiquer et Comprendre Copilot

Félicitations pour votre progression jusqu'ici ! Vous avez découvert comment repérer Copilot dans vos applications habituelles, comment lui formuler des demandes simples, et comment l'utiliser pour des tâches concrètes dans Word et Outlook. Ces premières expériences vous ont déjà permis de démystifier cet outil et de voir qu'il est bien plus accessible que vous ne le pensiez peut-être.

Le moment est venu d'approfondir votre relation avec Copilot. Car c'est bien d'une relation qu'il s'agit : comme avec un nouveau collègue ou un assistant, plus vous apprenez à communiquer efficacement avec Copilot, plus votre collaboration devient fluide et productive. Ce chapitre va vous aider à renforcer votre confiance en vous montrant comment affiner vos échanges avec cet assistant numérique.

La communication efficace constitue la clé d'une bonne utilisation de Copilot. Imaginez que vous demandez votre chemin à un passant : plus votre question est précise, plus la réponse sera utile. Le même principe s'applique avec Copilot. Vous obtiendrez de bien meilleurs résultats en apprenant à formuler vos demandes avec un peu plus de précision et de contexte.

Mon objectif dans ce chapitre n'est pas de vous transformer en expert, mais de vous donner quelques techniques simples pour améliorer la qualité des réponses que vous recevez. Pas besoin de connaissances techniques complexes, juste quelques principes de base que vous pourrez appliquer immédiatement.

Comprendre les forces et les limites de Copilot représente un autre aspect essentiel de ce chapitre. Comme tout outil, Copilot a ses points forts mais aussi ses faiblesses. Savoir ce qu'il peut faire et ce qu'il ne peut pas faire vous permettra d'avoir des attentes réalistes et d'utiliser cet assistant de manière plus efficace.

La confiance vient souvent de la maîtrise et de la compréhension. Plus vous comprenez comment fonctionne un outil, moins il vous intimide. C'est pourquoi nous allons explorer ensemble quelques principes de base sur le fonctionnement de Copilot, toujours en termes simples et accessibles. Vous verrez que cette compréhension vous permettra de l'utiliser avec plus d'assurance.

Le contrôle reste entre vos mains, c'est un point que je ne cesserai de souligner. Copilot est conçu pour vous assister, pas pour vous remplacer. Dans ce chapitre, nous mettrons l'accent sur votre rôle de superviseur, celui qui garde le contrôle final sur le contenu généré. Cette clarification des rôles est essentielle pour une utilisation sereine et efficace.

Je me souviens de Catherine, une assistante de direction de 57 ans, qui était initialement très méfiante envers Copilot. "Comment puis-je faire confiance à ce qu'il me dit ?" me demandait-elle. Après avoir compris comment vérifier simplement les réponses et comment les améliorer en affinant ses demandes, elle a complètement changé d'attitude. "Maintenant je vois que c'est moi qui reste aux commandes," m'a-t-elle confié avec un sourire.

Notre parcours dans ce chapitre s'articulera autour de deux grands axes qui renforceront votre confiance :

- **Mieux communiquer avec Copilot** : comment formuler vos demandes pour obtenir exactement ce dont vous avez besoin, sans pour autant devenir un expert en prompt engineering

- **Comprendre les limites** : comment reconnaître quand Copilot se trompe et comment réagir sereinement face à ces situations

Pour le premier axe, nous explorerons comment l'ajout de contexte simple peut considérablement améliorer la pertinence des réponses. C'est un peu comme donner plus d'informations à un nouvel employé pour qu'il comprenne mieux la tâche que vous lui confiez. Nous verrons aussi comment poser des questions de suivi, une technique très simple mais étonnamment efficace pour obtenir des réponses plus précises.

Pour le second axe, nous aborderons comment repérer facilement les erreurs potentielles de Copilot. Car oui, cet assistant peut se tromper, comme n'importe quel humain d'ailleurs. L'important n'est pas l'absence d'erreurs, mais votre capacité à les identifier et à réagir calmement. Nous explorerons également comment conserver votre autonomie et votre esprit critique tout en bénéficiant de l'aide de Copilot.

Les techniques que nous allons voir sont toutes conçues pour être simples et accessibles, même si vous n'avez aucune expérience préalable avec l'intelligence artificielle. Pas de jargon complexe, pas de concepts abstraits, juste des approches pratiques que vous pourrez appliquer dès aujourd'hui.

Une question que l'on me pose souvent est : "Dois-je mémoriser des formules spéciales pour bien communiquer avec Copilot ?" La réponse est non ! Il ne s'agit pas d'apprendre par cœur des phrases magiques, mais plutôt de comprendre quelques principes simples que vous pourrez adapter à vos besoins spécifiques. C'est comme apprendre les bases d'une conversation efficace, pas comme mémoriser un script.

La pratique joue un rôle crucial dans ce processus d'apprentissage. Je vous encouragerai tout au long de ce chapitre à essayer par vous-même les techniques présentées. N'hésitez pas à avoir votre ordinateur à portée de main pour expérimenter directement. Rien ne vaut l'expérience concrète pour intégrer ces nouvelles compétences.

L'esprit d'exploration et de curiosité vous sera précieux. N'ayez pas peur d'essayer différentes approches, de voir ce qui fonctionne le mieux pour vous. Chaque personne développe progressivement sa propre façon de communiquer avec Copilot, en fonction de ses besoins spécifiques et de son style personnel.

Je tiens à souligner un point important : même si ce chapitre vise à vous aider à obtenir de meilleures réponses de Copilot, n'oubliez pas que la perfection n'est pas l'objectif. L'objectif est plutôt d'atteindre un niveau de confort et d'efficacité qui vous convient, qui vous permet d'utiliser cet outil pour vous simplifier la vie, sans stress ni pression excessive.

Les compétences que vous allez développer dans ce chapitre sont transférables à d'autres outils d'intelligence artificielle. Les principes de communication claire, d'ajout de contexte et d'évaluation critique des réponses vous seront utiles au-delà de Copilot, dans un monde où les assistants IA deviennent de plus en plus courants.

Une analogie que j'aime utiliser compare l'apprentissage de Copilot à l'apprentissage de la conduite. Au début, on se concentre sur les mécanismes de base (démarrer, freiner, tourner). Puis progressivement, ces gestes deviennent automatiques et on peut se concentrer sur la route, le trafic, la navigation. De même, après avoir maîtrisé les bases de Copilot, vous pourrez vous concentrer davantage sur vos objectifs que sur l'outil lui-même.

Pour ce chapitre, je vous invite à adopter une attitude de curiosité bienveillante. Voyez chaque interaction avec Copilot comme une occasion d'apprendre un peu plus, d'affiner votre approche. Cette perspective d'apprentissage continu, sans pression ni jugement, est la clé d'une expérience positive.

La confiance que vous allez développer ne concerne pas seulement votre capacité à utiliser Copilot efficacement. Elle touche aussi à votre confiance générale face aux nouvelles technologies. Chaque petite victoire avec cet outil renforce votre sentiment de compétence numérique et réduit l'appréhension face à l'innovation.

Je vous invite maintenant à tourner la page pour découvrir comment l'ajout de contexte simple peut transformer la qualité des réponses que vous obtenez de Copilot. Cette première technique est l'une des plus accessibles et pourtant l'une des plus puissantes pour améliorer votre expérience avec cet assistant numérique.

Prêt à renforcer votre confiance et à développer une relation plus fluide avec Copilot ? Allons-y, à votre rythme et sans pression, car c'est votre parcours et vous en êtes le maître.

4.1 Affiner Vos Demandes pour des Réponses Copilot Plus Pertinentes

4.1.1 Ajouter du Contexte Simple pour Guider Copilot Efficacement

Vous avez probablement déjà vécu cette situation : vous demandez quelque chose à quelqu'un et la personne vous répond complètement à côté parce qu'elle ne dispose pas de toutes les informations nécessaires. C'est exactement ce qui peut se produire avec Copilot si vous lui donnez des instructions trop vagues. Dans cette section, je vais vous montrer comment enrichir vos demandes avec un peu de contexte simple pour obtenir des réponses beaucoup plus adaptées à vos besoins.

L'ajout de contexte ne nécessite pas d'expertise technique ni de connaissances avancées. Il s'agit simplement de fournir quelques informations supplémentaires pour que Copilot comprenne mieux ce que vous attendez. C'est comme lorsque vous expliquez à un nouveau collègue non seulement ce que vous voulez, mais aussi pourquoi vous le voulez et comment vous comptez l'utiliser.

Prenons un exemple concret pour illustrer cette idée. Imaginez que vous souhaitiez écrire un email pour remercier un client. Vous pourriez demander à Copilot : "Aide-moi à écrire un email de remerciement." Cette demande fonctionnera, mais la réponse sera très générique, car Copilot ne dispose d'aucune information spécifique à votre situation.

Maintenant, comparons avec une demande enrichie de contexte : "Aide-moi à écrire un email de remerciement pour un client qui a renouvelé son contrat annuel avec notre entreprise de fournitures de bureau. Je souhaite un ton professionnel mais chaleureux, et j'aimerais mentionner notre nouvelle gamme de produits écologiques."

Vous remarquez la différence ? La seconde demande fournit des détails sur :

- **La situation** (renouvellement de contrat)

- **Le type de relation** (fournisseur de bureau et client)

- **Le ton souhaité** (professionnel mais chaleureux)

- **Un élément spécifique à inclure** (mention des produits écologiques)

Ces quelques informations supplémentaires permettront à Copilot de générer une réponse beaucoup plus pertinente et personnalisée, sans que vous ayez à faire d'effort particulier.

Le contexte n'a pas besoin d'être long ou compliqué. Quelques mots bien choisis suffisent souvent à faire une grande différence. Pensez aux questions de base : qui, quoi, pourquoi, comment. En répondant à certaines de ces questions dans votre demande, vous guidez Copilot vers une réponse plus adaptée.

Je me souviens de Jacques, un responsable commercial de 57 ans, qui était frustré par les réponses de Copilot lorsqu'il lui demandait de l'aide pour rédiger des descriptions de produits. Ses demandes étaient du type : "Écris une description pour ce produit". Lorsque je lui ai montré comment ajouter simplement quelques éléments de contexte comme le type de client ciblé ou l'utilisation principale du produit, ses yeux se sont illuminés : "Mais c'est évident ! Je n'y avais pas pensé."

Pour vous aider à enrichir facilement vos demandes, voici quelques types d'informations contextuelles que vous pouvez inclure selon vos besoins :

- **Votre objectif** : "Je veux créer un planning pour organiser une réunion d'équipe"

- **Votre public** : "Ce document sera lu par des collègues non-techniques"

- **Le ton souhaité** : "J'aimerais un style simple et encourageant"

- **Le format** : "Je préfère une liste à puces plutôt qu'un texte continu"

- **Des exemples** : "Comme exemple de ce que j'aime, voici..."

- **Des contraintes** : "Le texte doit faire moins de 100 mots"

Vous n'avez pas besoin d'inclure tous ces éléments à chaque fois. Choisissez simplement ceux qui sont pertinents pour votre demande spécifique.

L'ajout de contexte est particulièrement utile dans certaines situations courantes que vous rencontrerez probablement dans votre utilisation de Copilot :

La rédaction d'emails où le ton et la relation avec le destinataire sont importants. Préciser s'il s'agit d'un supérieur, d'un collègue proche ou d'un client change complètement la façon dont Copilot formulera sa réponse.

La création de contenus comme des présentations ou des rapports, où indiquer l'audience (experts ou débutants) et l'objectif (informer ou convaincre) guide Copilot vers un niveau de détail et un style appropriés.

La demande de résumés, où préciser les aspects qui vous intéressent particulièrement permet à Copilot de se concentrer sur l'essentiel pour vous.

La génération d'idées, où donner quelques exemples de ce que vous aimez oriente Copilot dans la bonne direction.

Pour illustrer concrètement cette approche, prenons quelques exemples de demandes avant et après l'ajout de contexte :

Exemple 1 - Sans contexte : "Donne-moi des idées pour une réunion d'équipe."
Avec contexte : "Donne-moi des idées d'activités pour une réunion d'équipe de 5 personnes qui travaillent ensemble depuis peu. L'objectif est de renforcer l'esprit d'équipe. Nous disposons d'une heure et d'une petite salle de réunion."

Exemple 2 - Sans contexte : "Résume ce rapport."
Avec contexte : "Résume ce rapport en te concentrant sur les aspects financiers et les recommandations. J'ai besoin d'une version courte pour préparer ma réunion de demain avec la direction."

Exemple 3 - Sans contexte : "Aide-moi à rédiger une lettre de motivation."
Avec contexte : "Aide-moi à rédiger une lettre de motivation pour un poste d'assistant administratif. J'ai 5 ans d'expérience dans ce domaine et je suis particulièrement organisé et à l'aise avec les outils informatiques. L'entreprise est dans le secteur médical."

Un point important à comprendre est que le contexte n'a pas besoin d'être parfait. Même des informations partielles aident Copilot à mieux cerner vos besoins. N'hésitez pas à commencer avec le peu que vous avez, puis à affiner votre demande si nécessaire.

Catherine, une assistante de direction de 54 ans, me confiait qu'elle avait peur de "mal faire" ses demandes à Copilot. Je lui ai expliqué qu'il n'y a pas de "mauvaise" façon d'ajouter du contexte. Toute information supplémentaire est utile, et on peut toujours ajuster au fur et à mesure. Cette perspective l'a libérée de sa crainte et lui a permis d'expérimenter plus sereinement.

Une technique simple que je recommande pour débuter est la méthode du "qui, quoi, pourquoi, comment" :

- **Qui** est concerné ? (vous, votre équipe, vos clients, etc.)

- **Quoi** exactement voulez-vous obtenir ? (un email, une liste, un résumé, etc.)

- **Pourquoi** en avez-vous besoin ? (quel est votre objectif?)

- **Comment** préférez-vous que ce soit présenté ? (style, format, longueur)

Vous n'avez pas besoin de répondre à toutes ces questions à chaque fois, mais elles constituent un bon pense-bête pour enrichir vos demandes.

La beauté de cette approche est qu'elle s'améliore avec la pratique, sans effort particulier. Plus vous utilisez Copilot, plus vous développez naturellement l'habitude d'inclure les informations pertinentes dans vos demandes.

Je vous encourage à faire un petit exercice pratique : prenez une demande simple que vous pourriez faire à Copilot, puis réfléchissez à 2-3 éléments de contexte que vous pourriez ajouter pour la rendre plus précise. Essayez les deux versions et comparez les résultats. Cette expérience vous montrera concrètement l'impact du contexte sur la qualité des réponses.

N'oubliez pas que l'objectif n'est pas de créer des demandes parfaites ou complexes, mais simplement d'ajouter suffisamment d'informations pour que Copilot comprenne ce que vous attendez vraiment. C'est un équilibre à trouver entre une demande trop vague et une demande inutilement détaillée.

Un dernier conseil pratique : si vous faites souvent des demandes similaires, vous pouvez créer un petit modèle de base avec les éléments de contexte les plus importants pour vous. Par exemple, si vous demandez régulièrement à Copilot de vous aider à rédiger des emails, vous pourriez avoir un modèle comme : "Aide-moi à rédiger un email pour [destinataire] concernant [sujet]. Le ton doit être [type de ton] et l'objectif est de [objectif]." Il vous suffit alors de remplir les parties entre crochets selon vos besoins spécifiques.

Dans notre prochain chapitre, nous verrons comment poser des questions de suivi simples pour approfondir les réponses de Copilot. Cette technique complémentaire vous permettra d'affiner progressivement les résultats obtenus, même si votre demande initiale n'était pas parfaitement contextualisée.

4.1.2 POSER DES QUESTIONS DE SUIVI SIMPLES POUR APPROFONDIR LES RÉPONSES

La conversation représente un art qui évolue et s'approfondit au fil des échanges. Réfléchissez à vos discussions les plus enrichissantes : elles ne se limitent jamais à une simple question suivie d'une réponse. Elles se développent, rebondissent, explorent différentes facettes d'un sujet. Ce principe s'applique parfaitement à vos échanges avec Copilot. L'une des techniques les plus simples mais les plus puissantes pour obtenir de meilleures réponses est de ne pas vous arrêter à votre première demande.

Les questions de suivi constituent une méthode naturelle pour approfondir un sujet avec Copilot, même si vous n'avez aucune expérience préalable avec l'intelligence artificielle. Imaginez Copilot comme un nouveau collègue : après sa première réponse à votre question, vous pourriez naturellement demander des précisions ou explorer un aspect particulier qui vous intéresse.

Cette approche conversationnelle présente plusieurs avantages majeurs. Elle vous permet d'obtenir des informations plus détaillées, plus précises et mieux adaptées à vos besoins spécifiques. Au lieu d'essayer de formuler une demande parfaite du premier coup, vous pouvez commencer simplement puis affiner progressivement.

L'idée centrale est d'établir un véritable dialogue avec Copilot, plutôt que de vous limiter à des demandes isolées. Cela ressemble à la façon dont vous creuseriez un sujet avec une personne réelle : vous posez une première question, écoutez la réponse, puis rebondissez sur certains points pour les explorer davantage.

Pour illustrer cette méthode, prenons un exemple concret. Imaginez que vous souhaitiez organiser une petite réunion d'équipe. Vous pourriez commencer par demander à Copilot : "Donne-moi des idées pour une réunion d'équipe efficace."

Copilot vous fournira alors une première réponse, peut-être une liste d'idées générales. Au lieu de vous arrêter là, vous pourriez enchaîner avec des questions de suivi comme :

- "Peux-tu développer l'idée numéro 3 plus en détail ?"

- "Comment adapter ces suggestions pour une équipe de 5 personnes ?"

- "Quelles activités brise-glace recommanderais-tu pour commencer ?"

Chaque question de suivi vous permet d'explorer plus profondément un aspect spécifique, transformant une réponse générique en conseils personnalisés et vraiment utiles pour votre situation.

Les questions de suivi sont particulièrement efficaces pour plusieurs raisons. D'abord, elles vous permettent de partir d'une demande simple, sans vous mettre la pression pour formuler une requête parfaite du premier coup. Cette approche graduelle est souvent moins intimidante pour les débutants.

Ensuite, ces questions vous aident à orienter Copilot vers les aspects qui vous intéressent vraiment. Vous gardez le contrôle de la conversation et la dirigez vers les informations dont vous avez besoin. C'est vous qui décidez quels aspects approfondir et lesquels laisser de côté.

Je me souviens de Marie-Claude, une assistante de direction de 56 ans, qui était initialement réticente à l'idée d'utiliser Copilot. "Je ne sais jamais quoi lui demander exactement," me confiait-elle. Quand je lui ai montré qu'elle pouvait simplement commencer par une question basique puis affiner avec des questions complémentaires, son visage s'est illuminé. "C'est comme discuter avec quelqu'un, en fait !" s'est-elle exclamée.

Cette technique est extrêmement simple à mettre en pratique. Voici quelques conseils pour vous aider à poser des questions de suivi efficaces :

- **Demandez des clarifications** : "Peux-tu m'expliquer plus simplement ce que tu entends par [terme ou concept] ?"

- **Explorez plus en profondeur** : "J'aimerais en savoir plus sur le point concernant [sujet spécifique]."

- **Demandez des exemples** : "Peux-tu me donner un exemple concret de cette suggestion ?"

- **Adaptez à votre situation** : "Comment appliquer cela dans mon cas, où [description de votre contexte] ?"

- **Sollicitez des alternatives** : "Y a-t-il d'autres approches possibles si cette solution ne me convient pas ?"

Pour maîtriser cette technique de conversation progressive, pas besoin de mémoriser des formules complexes. Utilisez simplement votre curiosité naturelle comme guide. Quels aspects de la réponse initiale vous intéressent le plus ? Sur quels points aimeriez-vous avoir plus de détails ?

Un point important à comprendre est que Copilot garde en mémoire le contexte de votre échange pendant une session. Cela signifie que vous n'avez pas besoin de répéter toutes les informations à chaque nouvelle question. Vous pouvez simplement faire référence à des éléments déjà mentionnés, exactement comme dans une conversation humaine.

Par exemple, si Copilot vous a suggéré plusieurs types de réunions d'équipe et que vous voulez en savoir plus sur les réunions de brainstorming, vous pouvez simplement demander : "Parle-moi plus en détail des réunions de brainstorming." Copilot comprendra le contexte et vous donnera des informations plus spécifiques sur ce type de réunion.

Cette capacité à maintenir le contexte de la conversation est l'une des forces de Copilot. Elle vous permet d'avoir un échange fluide et naturel, sans avoir à reformuler entièrement chaque nouvelle demande.

Pour vous aider à intégrer cette approche conversationnelle dans votre utilisation de Copilot, voici quelques exemples de séquences de questions que vous pourriez poser dans différentes situations :

Exemple 1 : Planifier un événement

- Question initiale : "Aide-moi à organiser un déjeuner d'équipe."

- Questions de suivi possibles :

    o "Quels types de restaurants conviendraient à un groupe de 8 personnes ?"

    o "Comment gérer les préférences alimentaires diverses ?"

    o "Suggère-moi une façon simple d'inviter tout le monde."

Exemple 2 : Comprendre un concept

- Question initiale : "Explique-moi ce qu'est le cloud computing en termes simples."

- Questions de suivi possibles :

    o "Quels sont les avantages concrets pour un utilisateur ordinaire ?"

    o "Y a-t-il des risques ou des inconvénients à connaître ?"

    o "Comment savoir si j'utilise déjà le cloud dans mon travail quotidien ?"

Exemple 3 : Rédiger un document

- Question initiale : "Aide-moi à créer une note de service pour annoncer un changement d'horaire."

- Questions de suivi possibles :

    - "Comment pourrais-je formuler cela de façon plus positive ?"

    - "Ajoute une section expliquant les raisons de ce changement."

    - "Peux-tu rendre le ton un peu plus formel ?"

La beauté de cette approche graduelle est qu'elle vous libère de la pression de formuler une demande parfaite du premier coup. Vous pouvez commencer simplement, puis affiner au fur et à mesure. C'est particulièrement rassurant quand on débute avec un nouvel outil comme Copilot.

Je vous encourage à expérimenter dès maintenant. Prenez un sujet simple qui vous intéresse, posez une première question à Copilot, puis rebondissez sur sa réponse avec 2 ou 3 questions complémentaires. Vous serez surpris de voir comme la conversation s'enrichit naturellement et comme les réponses deviennent de plus en plus pertinentes pour vos besoins spécifiques.

Un autre aspect intéressant des questions de suivi est qu'elles vous permettent de guider Copilot lorsque sa première réponse ne correspond pas exactement à vos attentes. Au lieu de vous sentir frustré ou de recommencer depuis le début, vous pouvez simplement préciser ce que vous recherchez réellement.

Par exemple, si vous demandez à Copilot des idées pour économiser de l'énergie à la maison et que sa réponse se concentre sur des solutions coûteuses comme l'installation de panneaux solaires, vous pourriez poser une question de suivi : "Peux-tu me suggérer plutôt des actions simples et gratuites pour réduire ma consommation d'énergie au quotidien ?"

Cette capacité à réorienter la conversation est très précieuse, surtout pour les débutants. Elle vous permet de rester en contrôle et d'obtenir exactement ce dont vous avez besoin, sans avoir à connaître parfaitement le fonctionnement de l'intelligence artificielle.

Parfois, il peut être utile de poser des questions qui invitent Copilot à structurer sa réponse d'une manière particulière. Par exemple :

- "Peux-tu organiser ces informations en liste à puces ?"

- "Pourrais-tu résumer cela en 3 points clés ?"

- "Peux-tu me donner ces conseils sous forme d'étapes à suivre ?"

Ces demandes de formatage aident à obtenir des réponses plus lisibles et plus faciles à utiliser, surtout si vous prévoyez de les intégrer dans un document ou de les partager avec d'autres personnes.

Je me souviens de Pierre, un responsable d'équipe de 54 ans, qui était sceptique quant à l'utilité de Copilot. Quand je lui ai montré comment approfondir progressivement un sujet grâce aux questions de suivi, il a commencé à voir l'outil différemment. "Je pensais qu'il fallait savoir exactement quoi demander dès le départ," m'a-t-il dit. "Mais cette approche par étapes me semble beaucoup plus naturelle et pratique."

Voyez ces échanges avec Copilot comme une conversation où vous construisez ensemble une compréhension plus riche d'un sujet. Chaque question de suivi est une opportunité d'explorer une nouvelle dimension, d'éclaircir un point ou d'adapter l'information à votre contexte spécifique.

Cette approche conversationnelle correspond aussi à la façon dont nous apprenons naturellement : pas en absorbant d'un coup toutes les informations sur un sujet, mais en construisant progressivement notre compréhension, en posant des questions, en faisant des liens entre les concepts.

N'oubliez pas que l'objectif n'est pas de mener des conversations interminables avec Copilot, mais simplement d'utiliser quelques questions de suivi ciblées pour obtenir exactement l'information dont vous avez besoin. Deux ou trois questions complémentaires suffisent généralement pour transformer une réponse générique en réponse vraiment utile et personnalisée.

Dans notre prochain chapitre, nous explorerons comment reconnaître et gérer les limites de Copilot. Car oui, cet assistant a des limites, comme nous tous ! Nous verrons comment repérer facilement ses erreurs potentielles et comment réagir sereinement face à ces situations, sans stress ni frustration.

4.2 Accepter les Limites de Copilot : Un Outil Utile, Pas Parfait

4.2.1 Repérer Facilement les Erreurs Potentielles de Copilot et Réagir Sereinement

Même les assistants les plus compétents commettent parfois des erreurs. Souvenez-vous de la première fois où vous avez formé un nouveau collègue : malgré sa bonne volonté, il a probablement fait quelques maladresses. Copilot n'échappe pas à cette règle. Reconnaître que cet outil n'est pas infaillible constitue une étape essentielle dans votre parcours d'apprentissage.

Cette réalité ne devrait pas vous décourager, bien au contraire. En comprenant les limites de Copilot et en sachant repérer ses erreurs potentielles, vous gagnerez en autonomie et en confiance. Vous passerez du statut d'utilisateur passif à celui de collaborateur avisé qui sait tirer le meilleur parti de son assistant numérique.

Les erreurs de Copilot peuvent prendre différentes formes, mais rassurez-vous : elles sont généralement faciles à identifier, même pour les débutants. Pas besoin d'être un expert en technologie pour les repérer. Votre bon sens et votre connaissance du contexte sont vos meilleurs atouts.

Une catégorie d'erreurs fréquente concerne les informations inexactes ou obsolètes. Copilot a été entraîné sur une grande quantité de données, mais il ne dispose pas d'une connaissance en temps réel du monde. Il peut donc parfois vous donner des informations qui ne sont plus à jour ou qui contiennent des inexactitudes.

Comment repérer ces erreurs ? Le plus simple est de vous fier à votre propre expertise. Si Copilot vous affirme quelque chose qui contredit ce que vous savez être vrai, faites confiance à vos connaissances. Par exemple, si vous demandez des informations sur votre entreprise et que sa réponse ne correspond pas à la réalité que vous connaissez, c'est probablement une erreur.

Je me souviens de Marie-Claude, une assistante administrative de 58 ans, qui testait Copilot pour rédiger un email à propos d'un changement d'horaires. Copilot a mentionné un "horaire habituel de 9h à 17h" alors que dans son entreprise, les horaires étaient de 8h30 à 16h30. Elle a immédiatement repéré cette incohérence et l'a corrigée.

Les inventions ou "hallucinations" représentent un autre type d'erreur que vous pourriez rencontrer. Parfois, Copilot peut générer des informations qui semblent plausibles mais qui sont en réalité fabriquées. C'est ce qu'on appelle des "hallucinations" dans le jargon de l'IA.

Pour détecter ces inventions, posez-vous simplement cette question : "Est-ce que cette information est vérifiable ?" Si Copilot cite des sources ou des références que vous ne pouvez pas confirmer, soyez prudent. De même, si la réponse contient des détails très spécifiques dont vous doutez, prenez-les avec recul.

Les malentendus sur votre demande constituent une troisième catégorie d'erreurs courantes. Comme dans toute conversation, il peut y avoir des incompréhensions. Parfois, Copilot peut mal interpréter votre question ou votre instruction et vous fournir une réponse qui ne correspond pas à ce que vous attendiez.

Dans ce cas, l'erreur est évidente : la réponse ne correspond tout simplement pas à votre demande. Pierre, un comptable de 62 ans, avait demandé à Copilot de l'aider à "organiser une réunion avec son équipe". Il a reçu des conseils sur l'animation de réunion alors qu'il cherchait plutôt de l'aide pour planifier la réunion dans son agenda. Le décalage était flagrant.

Face à ces différentes erreurs, la réaction sereine est votre meilleure alliée. Pas de panique, pas de frustration. Voici quelques stratégies simples pour réagir positivement :

- **Considérez les erreurs comme normales** : N'oubliez pas que Copilot est un outil, pas une personne omnisciente. Les erreurs font partie du processus normal d'utilisation, comme pour n'importe quel autre outil.

- **Adoptez une approche de vérification légère** : Prenez l'habitude de relire les réponses de Copilot avec un œil critique, mais sans obsession. Une vérification rapide suffit généralement pour repérer les problèmes évidents.

- **Corrigez simplement et avancez** : Quand vous identifiez une erreur, corrigez-la et poursuivez votre travail sans vous attarder. Cela devient vite un réflexe naturel, comme lorsque vous corrigez une faute de frappe.

- **Utilisez l'erreur comme opportunité** : Chaque erreur repérée vous aide à mieux comprendre comment fonctionne Copilot et ses limites. C'est une occasion d'apprentissage.

Pour vérifier efficacement les réponses de Copilot sans y passer trop de temps, je vous propose quelques techniques pratiques qui ont fait leurs preuves auprès des débutants que j'accompagne :

- **La technique du surligneur mental** : Lorsque vous lisez une réponse de Copilot, surlignez mentalement les affirmations qui vous semblent douteuses ou importantes à vérifier. Concentrez votre vérification sur ces points spécifiques plutôt que sur l'ensemble du texte.

- **Le test de cohérence** : Vérifiez si différentes parties de la réponse sont cohérentes entre elles. Si Copilot se contredit dans le même texte, c'est un signe d'erreur.

- **La méthode de l'expert intérieur** : Faites appel à votre "expert intérieur", cette partie de vous qui connaît bien votre domaine ou le sujet traité. Si quelque chose semble étrange à cet expert intérieur, examinez-le de plus près.

- **La validation par échantillonnage** : Pour les longues réponses, vérifiez quelques points clés plutôt que chaque détail. Si ces points sont corrects, le reste est probablement fiable aussi.

Ces méthodes simples vous permettront de repérer efficacement les erreurs potentielles sans transformer la vérification en une tâche fastidieuse.

Quand vous identifiez une erreur, plusieurs options s'offrent à vous pour la corriger. La plus évidente est de reformuler votre demande pour être plus précis. Si Copilot a mal compris votre question, essayez de la poser différemment ou d'ajouter plus de contexte.

Vous pouvez également signaler directement l'erreur à Copilot et lui demander de corriger. Par exemple : "Je pense qu'il y a une erreur dans ta réponse concernant les horaires de bureau. Dans notre entreprise, nous travaillons de 8h30 à 16h30, pas de 9h à 17h. Peux-tu corriger cela ?"

Dans certains cas, vous préférerez peut-être simplement ignorer l'erreur et modifier vous-même la réponse. C'est parfaitement acceptable, surtout pour des corrections mineures. Rappelez-vous que vous restez aux commandes et que Copilot est là pour vous assister, pas pour vous dicter ce que vous devez écrire.

Je me souviens de Jeanne, une secrétaire médicale de 61 ans, qui utilisait Copilot pour rédiger un compte-rendu. Quand elle a remarqué que Copilot avait inventé le nom d'un participant à la réunion, elle a simplement supprimé cette partie et l'a remplacée par les noms corrects, sans se formaliser. "C'est comme corriger une faute de frappe dans un document," m'a-t-elle dit en souriant.

Cette attitude détendue face aux erreurs est exactement ce que je vous encourage à adopter. Voyez les erreurs comme des occasions d'exercer votre jugement et votre expertise, pas comme des problèmes majeurs ou des raisons de douter de vos capacités.

Une métaphore que j'utilise souvent compare Copilot à un stagiaire enthousiaste : il est plein de bonnes intentions et généralement utile, mais vous devez vérifier son travail et le guider. Cette supervision n'est pas un fardeau mais une responsabilité normale qui vient avec l'utilisation de tout outil.

Votre réaction face aux erreurs de Copilot en dit plus sur vous que sur l'outil lui-même. Les utilisateurs qui réagissent avec sérénité et pragmatisme tirent généralement le meilleur parti de Copilot, tandis que ceux qui s'irritent ou se découragent passent à côté de ses bénéfices potentiels.

N'oubliez pas que les erreurs de Copilot peuvent aussi avoir un côté positif : elles vous obligent à rester vigilant et à exercer votre esprit critique. Dans un monde où l'information est surabondante, cette compétence est plus précieuse que jamais.

Pour illustrer concrètement comment gérer les erreurs de Copilot, prenons un exemple pas à pas :

1. Vous demandez à Copilot : "Aide-moi à rédiger un email pour féliciter mon équipe pour le projet X."

2. Copilot génère une réponse qui mentionne "le succès extraordinaire du projet et les félicitations du directeur

général."

3. Vous remarquez que le directeur général n'a pas encore exprimé ses félicitations.

4. Vous pouvez simplement éditer cette partie du texte ou demander à Copilot : "Le directeur général n'a pas encore donné son avis sur le projet. Peux-tu modifier l'email pour ne pas mentionner ses félicitations ?"

Ce processus simple de détection et de correction devient rapidement naturel avec un peu de pratique.

La capacité à repérer et à gérer sereinement les erreurs de Copilot renforce votre position de contrôle dans cette collaboration homme-machine. Vous n'êtes pas un utilisateur passif mais un partenaire actif qui guide et supervise l'outil pour en tirer le meilleur.

Dans notre prochaine section, nous approfondirons cette notion de contrôle en explorant comment consolider votre rôle face à Copilot. Vous découvrirez comment rester maître de vos décisions tout en bénéficiant pleinement de l'assistance que peut vous offrir cette technologie.

4.2.2 CONSOLIDER VOTRE RÔLE : GARDER LE CONTRÔLE SUR VOTRE ASSISTANT IA

Votre relation avec Copilot ressemble un peu à celle d'un chef d'orchestre avec ses musiciens. Le chef ne joue d'aucun instrument, mais c'est bien lui qui dirige l'ensemble et décide de l'interprétation finale. De la même façon, vous restez le maître ou la maîtresse de vos décisions tandis que Copilot vous propose des suggestions. Cette dynamique est essentielle pour tirer le meilleur parti de cet outil tout en préservant votre autonomie.

Comprendre votre rôle face à l'intelligence artificielle représente une étape cruciale dans votre parcours avec Copilot. Il ne s'agit pas d'une compétition entre l'humain et la machine, mais d'une collaboration où chacun apporte ses forces uniques. Votre jugement, votre expérience et votre intelligence émotionnelle sont irremplaçables.

Le concept de "garder le contrôle" peut sembler abstrait. Concrètement, cela signifie que vous prenez les décisions finales sur l'utilisation ou non des suggestions de Copilot. Vous êtes celui ou celle qui évalue, qui choisit, qui adapte. C'est un peu comme lorsque vous consultez un guide de voyage : vous lisez ses recommandations, mais c'est vous qui décidez de votre itinéraire final.

Cette position d'autorité ne vient pas naturellement à tout le monde. Certaines personnes ont tendance à considérer les réponses de l'intelligence artificielle comme nécessairement "meilleures" ou "plus exactes" que leurs propres idées. Cette perception erronée peut mener à une dépendance excessive envers l'outil.

Je me souviens de Monique, une assistante administrative de 59 ans, qui au début de sa formation me disait : "Je ne vais pas contredire la machine, elle doit savoir mieux que moi." Cette réaction est compréhensible mais limitante. Au fil de nos séances, Monique a appris à voir Copilot comme un assistant qui lui propose des options, pas comme une autorité dont les suggestions seraient indiscutables.

Pour consolider votre rôle face à Copilot, plusieurs stratégies simples s'offrent à vous :

- **Évaluez activement les suggestions** : Prenez l'habitude de lire attentivement les réponses de Copilot avant de les accepter. Posez-vous des questions simples : "Est-ce que cela correspond à ce que je voulais ?", "Est-ce que le ton convient ?", "Les informations me semblent-elles correctes ?"

- **Modifiez sans hésitation** : N'hésitez jamais à modifier les suggestions de Copilot. Vous pouvez en garder certaines parties, en supprimer d'autres, ou reformuler complètement. Cette pratique renforce votre position de décideur.

- **Utilisez votre expertise personnelle** : Votre connaissance spécifique de votre contexte, de votre entreprise ou de votre situation est unique. Copilot ne dispose pas de ces informations. Faites confiance à votre expertise pour contextualiser ou corriger ses suggestions.

- **Alternez entre création personnelle et assistance** : Ne devenez pas dépendant de Copilot pour chaque tâche d'écriture. Certains jours, essayez de rédiger entièrement par vous-même pour maintenir vos compétences actives.

- **Gardez un œil critique** : Même si vous appréciez l'aide de Copilot, conservez toujours un regard critique sur ses propositions. Cette vigilance est une compétence précieuse à l'ère numérique.

Une question que l'on me pose souvent est : "Comment savoir quand faire confiance à Copilot et quand m'en méfier ?" La règle d'or est simple : plus un sujet est proche de votre domaine d'expertise ou implique des conséquences importantes, plus vous devez exercer votre jugement personnel.

Par exemple, pour une tâche simple comme résumer un texte informatif général, vous pouvez accorder plus de confiance aux suggestions de Copilot. En revanche, pour un email important à un client ou une analyse spécifique à votre secteur d'activité, votre intervention active est indispensable.

L'équilibre entre autonomie et assistance constitue la clé d'une utilisation saine de Copilot. Voyez cet outil comme un amplificateur de vos capacités, pas comme un substitut. Il est là pour vous libérer des tâches fastidieuses et stimuler votre créativité, pas pour penser à votre place.

Cette approche équilibrée présente de nombreux avantages. D'abord, elle vous permet de bénéficier de l'efficacité de Copilot tout en conservant votre voix et votre style personnels. Ensuite, elle vous protège contre le risque de dépendance excessive envers la technologie. Enfin, elle vous aide à développer une compétence essentielle pour l'avenir : la collaboration homme-machine.

Jean-Marc, un comptable de 62 ans, avait initialement peur que l'intelligence artificielle ne le rende "obsolète". Après avoir compris qu'il gardait le contrôle des suggestions de Copilot, sa perspective a changé : "Je comprends maintenant que c'est moi qui décide. Copilot me fait gagner du temps sur les tâches répétitives, mais c'est mon expertise qui donne de la valeur au résultat final."

Un aspect important de votre rôle de superviseur concerne la responsabilité des contenus générés. Même si Copilot vous aide à rédiger un document, c'est vous qui en êtes responsable. Cette responsabilité implique de vérifier la pertinence, l'exactitude et l'éthique du contenu avant de l'utiliser professionnellement.

La consolidation de votre rôle face à Copilot passe aussi par une compréhension claire de ce que cet assistant ne peut pas faire à votre place :

- **Définir vos objectifs** : Copilot ne peut pas déterminer ce que vous voulez vraiment accomplir. C'est à vous de définir clairement vos intentions.

- **Comprendre le contexte humain** : Les nuances émotionnelles, culturelles ou relationnelles échappent souvent à l'IA. Votre intelligence émotionnelle reste irremplaçable.

- **Porter des jugements de valeur** : Les décisions éthiques ou les arbitrages délicats requièrent une conscience humaine. Copilot peut vous aider à structurer votre réflexion, mais pas à trancher sur ces questions.

- **Garantir la pertinence totale** : Seul vous pouvez juger si une suggestion est vraiment adaptée à votre situation spécifique, avec toutes ses particularités.

La métaphore du GPS illustre bien cette relation. Un GPS vous propose un itinéraire, mais c'est vous qui conduisez la voiture et qui pouvez décider de prendre un autre chemin si vous savez qu'il y a des travaux ou si vous préférez une route plus pittoresque. De même, Copilot vous suggère des contenus, mais c'est vous qui "conduisez" le document final.

Pour renforcer concrètement votre position de contrôle, je vous propose quelques exercices pratiques :

1. Demandez à Copilot de reformuler un court paragraphe que vous avez écrit. Comparez sa version à la vôtre et décidez consciemment quels éléments vous souhaitez conserver, modifier ou ignorer.

2. Utilisez Copilot pour générer plusieurs versions d'un même texte (par exemple, en demandant des tons différents).

Exercez votre jugement pour choisir celle qui correspond le mieux à vos besoins.

3. Identifiez délibérément une erreur ou une imprécision dans une suggestion de Copilot et corrigez-la. Cette pratique renforce votre autorité sur l'outil.

Ces exercices simples vous aideront à développer un réflexe d'évaluation active plutôt que d'acceptation passive des suggestions.

Le développement de votre confiance passe inévitablement par la pratique régulière. Chaque fois que vous modifiez une suggestion de Copilot ou que vous décidez consciemment de l'accepter, vous renforcez votre position de décideur. Cette confiance grandissante vous permettra d'utiliser l'outil de manière de plus en plus efficace.

Une crainte que j'entends parfois est celle de "perdre ses compétences" en utilisant trop Copilot. Cette inquiétude est légitime mais peut être facilement écartée si vous maintenez une approche équilibrée. Utilisez Copilot comme un assistant, pas comme une béquille. Continuez à exercer vos propres capacités rédactionnelles et analytiques régulièrement.

Pour certaines personnes, garder le contrôle signifie aussi maintenir une distance émotionnelle avec l'outil. Il est facile d'attribuer à Copilot des caractéristiques humaines qu'il ne possède pas. Se rappeler qu'il s'agit d'un outil informatique, aussi sophistiqué soit-il, vous aide à conserver une perspective saine sur son utilisation.

Marie-Thérèse, une secrétaire de direction de 56 ans, m'a partagé son expérience : "Au début, je disais merci à Copilot après chaque réponse, comme si je parlais à un collègue. J'ai réalisé que je l'humanisais trop. Maintenant, je le vois comme un outil très pratique, mais rien de plus, et cela me permet de rester objective sur ses suggestions."

La nature de votre relation avec Copilot évoluera avec le temps et l'expérience. À mesure que vous vous familiariserez avec ses capacités et ses limites, vous développerez intuitivement un équilibre qui vous convient. Certains préféreront une utilisation intensive pour les tâches répétitives, d'autres une approche plus sélective centrée sur quelques fonctionnalités spécifiques.

Le point essentiel à retenir est que vous n'êtes pas un simple récepteur passif des suggestions de l'IA. Vous êtes le cerveau qui dirige, qui évalue, qui décide. Cette position active vous permet de tirer le meilleur parti de Copilot tout en préservant ce qui fait votre valeur unique : votre jugement humain, votre créativité et votre expertise contextuelle.

Dans notre prochain chapitre, nous verrons comment explorer plus loin avec Copilot, toujours à votre rythme et selon vos besoins spécifiques. Nous aborderons notamment comment identifier vos propres usages simples et utiles au quotidien, pour une intégration vraiment personnalisée de cet outil dans votre vie numérique.

5. EXPLORER PLUS LOIN : INTÉGRER COPILOT À VOTRE RYTHME

Vous voilà arrivé à un tournant important de votre parcours avec Copilot. Après avoir surmonté vos premières appréhensions, découvert les fonctionnalités de base, et expérimenté quelques usages simples dans Word et Outlook, vous possédez maintenant des compétences fondamentales. C'est un peu comme lorsqu'on apprend à conduire : les premières heures sont consacrées aux mécanismes de base, puis vient le moment où l'on commence à prendre la route par soi-même, avec plus d'assurance.

Ce chapitre marque cette transition vers une utilisation plus personnalisée et intégrée de Copilot dans votre quotidien. Nous allons explorer comment faire de cet outil votre allié fidèle, à votre rythme et selon vos besoins spécifiques. Pas de précipitation, pas de pression pour tout maîtriser d'un coup, mais une progression douce et naturelle.

La véritable appropriation d'un outil comme Copilot ne se fait pas en suivant un chemin rigide identique pour tous. Chacun développe sa propre relation avec la technologie, en fonction de ses activités, de ses préférences et de son contexte. Un comptable n'utilisera pas Copilot de la même façon qu'un assistant administratif ou qu'un responsable marketing. L'important est de trouver les usages qui vous sont personnellement utiles et qui correspondent à vos besoins réels.

Tout au long de ce chapitre, je vais vous guider pour identifier ces usages personnalisés et les intégrer progressivement dans votre routine. Nous verrons aussi comment planifier votre pratique pour consolider vos acquis sans vous mettre de pression inutile. Enfin, nous aborderons les stratégies simples pour surmonter d'éventuels blocages et savoir où trouver de l'aide fiable si besoin.

La métaphore qui me vient à l'esprit pour cette étape de votre parcours est celle du jardinier qui, après avoir planté ses premières graines et vu les premières pousses apparaître, apprend maintenant à entretenir son jardin au fil des saisons. Il ne s'agit plus d'apprentissage intensif, mais d'une pratique régulière et d'une intégration naturelle dans votre environnement de travail.

Mes observations auprès de centaines d'apprenants m'ont montré que c'est souvent à cette étape que les personnes réticentes initialement deviennent les plus enthousiastes. Une fois les premiers pas franchis et les premières réussites expérimentées, la curiosité prend le relais de l'appréhension. Ce changement de perspective est fascinant à observer.

Je me souviens de Jacques, un directeur administratif de 61 ans, qui avait commencé sa formation avec beaucoup de scepticisme. "Je suis trop vieux pour ces gadgets," me disait-il. Après quelques semaines d'utilisation basique, il m'a recontacté tout excité : "J'ai découvert que je pouvais utiliser Copilot pour m'aider à rédiger mes comptes-rendus de réunion... c'est incroyable le temps que ça me fait gagner !" Il avait trouvé son usage personnel, celui qui faisait vraiment la différence dans son travail quotidien.

L'intégration de Copilot dans votre routine n'est pas une question de tout ou rien. Vous n'avez pas besoin de l'utiliser pour chaque tâche, chaque jour. C'est plutôt un outil que vous apprendrez à solliciter de manière stratégique, quand il peut vraiment vous apporter une valeur ajoutée. Comme un couteau suisse dans votre poche, vous ne l'utilisez pas constamment, mais vous êtes content de l'avoir sous la main quand vous en avez besoin.

Cette approche sélective présente plusieurs avantages. Elle vous évite la pression de devoir tout changer d'un coup dans vos habitudes de travail. Elle vous permet d'avancer à votre rythme, en ajoutant progressivement de nouveaux usages quand vous vous sentez prêt. Elle préserve aussi votre autonomie et vos compétences propres, que Copilot vient compléter mais pas remplacer.

Le temps joue en votre faveur dans ce processus d'intégration. Chaque petite utilisation renforce votre aisance avec l'outil et ouvre la porte à de nouvelles possibilités. C'est un cercle vertueux : plus vous utilisez Copilot, plus vous devenez à l'aise avec lui, et plus vous découvrez de nouvelles façons de l'utiliser efficacement.

Un aspect que j'aborderai dans ce chapitre concerne la gestion des moments où vous pourriez vous sentir bloqué. Même après avoir acquis les bases, il est normal de rencontrer parfois des situations où vous ne savez pas comment procéder. Je vous proposerai des stratégies simples pour surmonter ces blocages sans frustration.

La connaissance de ressources fiables fait également partie de votre boîte à outils pour progresser sereinement. Savoir où trouver de l'aide quand vous en avez besoin vous donne un filet de sécurité rassurant. Je partagerai avec vous quelques sources simples et accessibles que vous pourrez consulter selon vos besoins.

L'objectif ultime de ce chapitre est de vous aider à atteindre ce que j'appelle "l'aisance naturelle" avec Copilot. Ce stade où l'utilisation de l'outil devient intuitive et ne demande plus d'effort conscient. Un peu comme lorsque vous conduisez et que les gestes de base sont devenus automatiques, vous permettant de vous concentrer sur la route.

Pour vous donner une vision claire de ce que nous allons explorer ensemble, voici les quatre grandes sections qui composent ce chapitre :

- **Identifier vos usages personnels** : Comment déterminer les tâches spécifiques pour lesquelles Copilot peut vous être le plus utile dans votre contexte particulier.

- **Planifier votre pratique régulière** : Comment intégrer l'utilisation de Copilot dans votre routine de manière douce et progressive.

- **Surmonter les blocages éventuels** : Stratégies simples pour ne pas rester bloqué face à une difficulté.

- **Trouver de l'aide supplémentaire** : Où et comment obtenir de l'assistance quand vous en avez besoin.

Chacune de ces sections est conçue pour vous accompagner de manière bienveillante dans votre progression, sans jamais vous brusquer ou vous mettre la pression. L'apprentissage le plus durable est celui qui se fait dans le plaisir et à son propre rythme.

Je tiens à souligner un point important : il n'y a pas de "niveau à atteindre" ou d'examen final à passer. Votre réussite avec Copilot se mesure uniquement à la façon dont cet outil vous simplifie la vie et vous fait gagner du temps. Certains se contenteront de quelques usages basiques qui leur suffisent amplement, d'autres exploreront davantage de possibilités. Les deux approches sont parfaitement valides.

Cette philosophie d'apprentissage personnalisé est au cœur de ma méthode. Je crois profondément que chacun doit pouvoir s'approprier la technologie à sa manière, sans modèle imposé ni pression extérieure. Mon rôle est simplement de vous montrer les possibilités et de vous donner les clés pour les explorer si vous le souhaitez.

Pour aborder ce chapitre dans les meilleures conditions, je vous invite à réfléchir à vos expériences récentes avec Copilot. Quelles fonctionnalités vous ont semblé les plus utiles jusqu'à présent ? Dans quelles situations avez-vous été particulièrement satisfait du résultat ? Ces réflexions vous aideront à identifier plus facilement vos usages personnels prioritaires.

Le parcours que nous avons entrepris ensemble depuis le début de ce livre a peut-être transformé votre perception de l'intelligence artificielle et de Copilot. Ce qui pouvait vous sembler intimidant ou complexe au départ vous apparaît probablement plus accessible maintenant. Cette évolution de votre regard est une victoire en soi, indépendamment de votre niveau d'expertise technique.

Je me réjouis de vous accompagner dans cette nouvelle étape de votre aventure avec Copilot. Une étape où vous devenez de plus en plus autonome et où vous commencez à façonner votre propre expérience avec cet outil. C'est toujours un moment passionnant dans le parcours d'apprentissage, celui où l'on passe de l'exécution guidée à l'exploration personnelle.

Dans la suite de ce chapitre, nous allons commencer par explorer comment identifier les tâches qui, dans votre quotidien spécifique, pourraient bénéficier de l'assistance de Copilot. Ces usages personnalisés seront la base de votre pratique future, alors prenons le temps de les définir avec soin. Tournez la page pour découvrir comment faire de Copilot votre assistant sur mesure, parfaitement adapté à vos besoins uniques.

5.1 Identifier Vos Propres Usages Simples et Utiles de Copilot au Quotidien

5.1.1 Définir Vos Tâches Personnelles Idéales pour une Aide Simple de Copilot

Après avoir découvert les bases de Copilot et expérimenté quelques fonctionnalités simples, une question essentielle se pose : comment l'intégrer de façon personnalisée dans votre quotidien ? Car si j'ai partagé avec vous des exemples généraux, le véritable potentiel de Copilot se révèle lorsque vous l'adaptez à vos propres besoins spécifiques.

La personnalisation représente la clé d'une adoption réussie de tout nouvel outil. Un jardinier n'utilisera pas ses outils comme le ferait un mécanicien. De même, votre façon d'utiliser Copilot dépendra de vos activités, de vos préférences et de votre contexte particulier.

Identifier les tâches idéales pour Copilot dans votre quotidien n'est pas compliqué. Il s'agit simplement d'observer vos habitudes actuelles et de repérer les moments où un petit coup de pouce serait bienvenu. C'est comme reconnaître les situations où vous apprécieriez l'aide d'un collègue bienveillant.

Pour vous aider dans cette démarche, je vous propose une approche simple en trois étapes :

- **Repérer vos défis quotidiens** : Identifiez les tâches qui vous prennent du temps ou vous causent de la frustration

- **Évaluer l'adéquation avec Copilot** : Déterminez si ces tâches correspondent aux capacités de base de votre assistant

- **Commencer petit et concret** : Choisissez une ou deux tâches spécifiques pour débuter

Commençons par repérer vos défis quotidiens. Je vous invite à prendre un moment pour réfléchir aux questions suivantes :

- Quelles tâches répétitives effectuez-vous régulièrement dans Word ou Outlook ?

- Quels types de documents ou messages vous prennent le plus de temps à rédiger ?

- Dans quelles situations vous sentez-vous bloqué(e) ou indécis(e) face à la page blanche ?

- Quels emails ou textes vous semblent particulièrement fastidieux à créer ?

- Quels sont les documents longs que vous devez souvent lire et comprendre rapidement ?

Les réponses à ces questions vous aideront à identifier les candidats potentiels pour une assistance de Copilot. Notez ces tâches sur une feuille de papier ou dans un document. Ne vous censurez pas à ce stade, notez tout ce qui vous vient à l'esprit.

Une fois votre liste établie, passons à la deuxième étape : évaluer l'adéquation avec Copilot. Pour chaque tâche que vous avez identifiée, posez-vous ces questions simples :

- **Est-ce une tâche liée au texte ?** Copilot excelle dans la génération, la modification et la synthèse de texte.

- **Est-ce relativement simple ?** Privilégiez des tâches basiques plutôt que très complexes pour commencer.

- **Est-ce répétitif ?** Les tâches que vous faites souvent sont idéales car l'aide de Copilot vous fera gagner du temps régulièrement.

- **Ai-je besoin d'idées ou de formulations ?** Copilot est particulièrement utile pour surmonter les blocages créatifs.

- **Dois-je comprendre rapidement des informations ?** La synthèse est l'un des points forts de Copilot.

Les tâches qui reçoivent plusieurs "oui" à ces questions sont généralement de bonnes candidates pour Copilot. Entourez ou surlignez ces tâches sur votre liste.

Marie-Thérèse, une assistante de direction de 57 ans avec qui j'ai travaillé, avait noté sur sa liste "rédiger les comptes-rendus de réunion". En évaluant cette tâche, nous avons constaté qu'elle était parfaitement adaptée à Copilot : elle concerne du texte, elle est relativement simple, elle revient chaque semaine, et Marie-Thérèse cherchait souvent les bonnes formulations. Cette tâche est devenue sa première utilisation personnalisée de Copilot.

La troisième étape consiste à choisir précisément par où commencer. Pour identifier vos tâches personnelles idéales, je vous conseille de privilégier :

- **Les tâches fréquentes :** Commencez par ce que vous faites souvent pour maximiser l'impact positif.

- **Les tâches simples :** Choisissez des cas d'usage basiques pour vos premiers pas personnalisés.

- **Les tâches à valeur ajoutée** : Privilégiez ce qui vous fera vraiment gagner du temps ou réduira votre stress.

- **Les tâches où vous avez déjà un processus** : Il est plus facile d'intégrer Copilot dans une routine existante.

Pour vous aider à concrétiser cette démarche, voici quelques exemples de tâches personnelles idéales que mes stagiaires ont identifiées. Peut-être vous reconnaîtrez-vous dans certaines d'entre elles :

- **Dans Word** :

  - Rédaction du premier brouillon d'un document récurrent (rapport hebdomadaire, compte-rendu, procédure)

  - Création de titres accrocheurs pour des documents

  - Reformulation de paragraphes mal écrits ou confus

  - Génération d'une introduction pour un document déjà structuré

  - Simplification d'un texte technique pour le rendre accessible à tous

- **Dans Outlook** :

  - Rédaction de réponses standard à des demandes fréquentes

  - Création d'emails de suivi courtois pour des projets en cours

- Résumé des longs fils de discussion pour saisir l'essentiel rapidement

- Formulation de demandes délicates avec diplomatie

- Création de messages pour décliner poliment des invitations

Claude, un responsable commercial de 59 ans, a identifié une tâche très spécifique : la rédaction de courts emails de félicitations à ses équipes. "Je sais que c'est important de reconnaître les succès, mais je passe trop de temps à chercher comment varier mes formules de félicitations", m'a-t-il expliqué. Cette tâche simple mais significative est devenue son premier usage personnalisé de Copilot.

Pour définir vos propres tâches idéales, restez ancré dans votre réalité quotidienne. Ne vous laissez pas influencer par ce que d'autres personnes font avec Copilot si cela ne correspond pas à vos besoins réels. L'objectif est d'intégrer cet outil dans votre vie de façon naturelle et bénéfique, pas de suivre une tendance.

Une approche que je recommande souvent est de tenir un petit journal pendant quelques jours. Notez les moments où vous vous dites : "Cette tâche est fastidieuse" ou "J'aimerais avoir de l'aide pour ceci". Ces moments sont autant d'opportunités potentielles pour intégrer Copilot de manière significative.

N'oubliez pas de considérer également vos préférences personnelles. Certaines personnes préfèrent garder la main sur certaines tâches, même si elles sont chronophages, parce qu'elles y trouvent une satisfaction ou parce qu'elles estiment que leur touche personnelle est essentielle. C'est parfaitement légitime. Vous êtes le seul juge de ce que vous souhaitez confier à Copilot.

La saisonnalité de vos activités peut aussi influencer vos choix. Peut-être avez-vous des périodes dans l'année où certaines tâches s'intensifient : rapports de fin de trimestre, préparation de réunions annuelles, organisation d'événements... Ces moments de pic d'activité sont souvent propices à l'intégration d'un assistant comme Copilot.

Une fois que vous avez identifié une ou deux tâches idéales pour commencer, je vous invite à les définir très précisément. Par exemple, plutôt que "rédiger des emails", précisez : "rédiger les emails mensuels d'information à l'équipe sur l'avancement du projet X". Cette précision vous aidera à formuler des demandes claires à Copilot et à mesurer concrètement les bénéfices obtenus.

Pour vous assurer que vos tâches choisies sont vraiment adaptées à Copilot dans sa version actuelle, je vous recommande de les tester rapidement avant de vous y investir pleinement. Faites un essai simple pour vérifier que Copilot répond bien à votre besoin spécifique. Si les résultats ne sont pas satisfaisants du premier coup, n'abandonnez pas immédiatement ; essayez d'affiner votre demande comme nous l'avons vu précédemment.

Pascal, un gestionnaire administratif de 60 ans, avait identifié la rédaction de courriers administratifs comme tâche idéale. Lors de son premier test, il a simplement demandé : "Écris un courrier administratif". La réponse était trop générique. En précisant sa demande : "Aide-moi à rédiger un courrier pour informer un client d'un changement de tarification à partir du mois prochain", il a obtenu un résultat bien plus pertinent.

Le processus d'identification de vos tâches idéales n'est pas figé. Avec l'expérience et la confiance, vous découvrirez naturellement de nouvelles façons d'intégrer Copilot dans votre quotidien. Ce que vous choisissez aujourd'hui comme point de départ évoluera avec le temps, en fonction de vos besoins et de votre aisance croissante avec l'outil.

Dans notre prochaine section, nous verrons comment planifier votre pratique régulière pour ancrer ces nouveaux usages dans votre quotidien, sans pression et à votre rythme. L'objectif sera de transformer ces premiers usages personnalisés en habitudes naturelles qui vous font réellement gagner du temps et réduire votre stress numérique.

5.1.2 PLANIFIER VOTRE PRATIQUE RÉGULIÈRE POUR ANCRER VOS ACQUIS SANS PRESSION

Maintenant que vous avez identifié quelques tâches personnelles idéales pour Copilot, l'étape suivante consiste à intégrer ces usages dans votre quotidien de façon douce et progressive. Une pratique régulière, même minime, est bien plus efficace qu'une session intensive suivie d'un long abandon. C'est comme apprendre une nouvelle langue : quelques minutes chaque jour vous mèneront plus loin que plusieurs heures concentrées sur un seul weekend.

La notion de "pratique régulière" peut sembler intimidante si vous l'associez à une contrainte ou une obligation. Je vous invite plutôt à l'envisager comme une série de petites opportunités agréables pour vous familiariser avec un outil qui peut vous simplifier la vie. Pas de pression, pas d'objectif ambitieux, juste quelques moments d'expérimentation bienveillante.

Votre cerveau apprend mieux lorsqu'il est détendu et ouvert à la découverte. Le stress ou la pression sont des freins puissants à l'apprentissage, surtout quand il s'agit de technologie. C'est pourquoi je vous propose une approche très progressive et sans jugement, où chaque petit pas est valorisé.

Pour ancrer vos acquis sans pression, je vous suggère une méthode en trois volets :

- **L'approche des "mini-sessions"** : Privilégier des moments courts mais fréquents

- **Le principe de l'usage naturel** : Intégrer Copilot dans votre flux de travail existant

- **La stratégie du "petit plaisir"** : Transformer la pratique en moment agréable

Commençons par l'approche des mini-sessions. Oubliez l'idée de devoir bloquer de longues heures pour "apprendre Copilot". À la place, prévoyez des moments très courts, de 5 à 10 minutes maximum, où vous utiliserez Copilot pour une tâche spécifique. Ces mini-sessions peuvent s'intégrer facilement dans votre journée :

- Au début de votre journée de travail, pendant que votre ordinateur démarre

- Juste avant ou après votre pause déjeuner

- En fin de journée, avant de quitter votre bureau

- Dans un moment d'attente ou entre deux réunions

La beauté de ces mini-sessions réside dans leur accessibilité. Tout le monde peut trouver 5 minutes dans sa journée, et cette brièveté élimine la résistance psychologique qu'on ressent parfois face à une nouvelle tâche.

Marie-Claude, une assistante de direction de 58 ans, avait du mal à se motiver pour explorer Copilot. Je lui ai suggéré de s'accorder juste 5 minutes chaque matin, avant de commencer ses tâches habituelles. "Ça ne me semblait rien, juste 5 minutes, alors j'ai accepté", m'a-t-elle confié. Trois semaines plus tard, ces mini-sessions étaient devenues un rituel qu'elle appréciait, et elle avait progressivement intégré Copilot dans plusieurs aspects de son travail.

Le principe de l'usage naturel constitue le deuxième volet de cette approche. Plutôt que de créer des exercices artificiels, utilisez Copilot pour des tâches réelles que vous devez accomplir de toute façon. Par exemple :

- Vous devez répondre à un email ? Essayez d'utiliser Copilot pour vous aider à formuler votre réponse.

- Vous préparez un document ? Demandez à Copilot de vous aider à créer une introduction ou une conclusion.

- Vous recevez un long rapport ? Testez la fonction de résumé de Copilot.

Cette intégration dans votre flux de travail réel présente deux avantages majeurs. D'abord, elle vous fait gagner du temps immédiatement, ce qui renforce votre motivation. Ensuite, elle ancre l'utilisation de Copilot dans un contexte concret et personnel, ce qui facilite la mémorisation et l'apprentissage.

Pour planifier cet usage naturel, je vous propose d'identifier à l'avance une ou deux tâches quotidiennes ou hebdomadaires pour lesquelles vous testerez Copilot. Notez-les quelque part de visible, comme un post-it sur votre écran ou une note dans votre agenda. Cette planification légère vous servira de rappel sans pour autant devenir contraignante.

Je me souviens de Pascal, un responsable administratif de 61 ans, qui avait choisi de tester Copilot pour la rédaction de son compte-rendu hebdomadaire. "C'était parfait : une tâche régulière que je n'aimais pas particulièrement faire, et que je devais accomplir de toute façon", m'expliquait-il. Cette approche lui a permis d'explorer progressivement différentes facettes de Copilot dans un contexte pertinent pour lui.

La stratégie du "petit plaisir" forme le troisième volet de cette méthode. L'idée est simple : associez votre pratique de Copilot à quelque chose d'agréable pour créer une expérience positive. Cela peut prendre différentes formes :

- **Créez un environnement agréable** : Pratiquez dans un lieu calme, avec une boisson chaude à côté de vous.

- **Récompensez-vous** : Après votre mini-session, offrez-vous un petit moment de détente ou une petite gourmandise.

- **Transformez-le en jeu** : Défiez-vous gentiment, comme essayer d'obtenir une réponse amusante de Copilot.

- **Partagez vos découvertes** : Racontez à un collègue ou un proche ce que vous avez appris, célébrant ainsi vos petites victoires.

Cette association positive change complètement la dynamique d'apprentissage. Au lieu de percevoir la pratique comme une "tâche à accomplir", vous commencez à l'envisager comme un moment privilégié dans votre journée.

Pour mettre en œuvre ces trois approches de façon concrète, je vous suggère de créer un petit plan personnel très simple. Rien de complexe ou de contraignant, juste quelques repères pour vous guider :

1. Choisissez 2-3 mini-moments dans votre semaine où vous utiliserez Copilot (jour et heure approximative).

2. Identifiez 1-2 tâches réelles pour lesquelles vous testerez l'aide de Copilot.

3. Décidez d'un petit plaisir que vous vous accorderez en lien avec cette pratique.

Ce plan léger peut tenir sur un post-it ou dans une note de votre téléphone. L'important n'est pas de le suivre à la lettre, mais de vous donner une direction générale et des occasions concrètes de pratiquer.

La fréquence idéale varie d'une personne à l'autre. Pour certains, une pratique quotidienne très courte sera préférable ; pour d'autres, une ou deux sessions plus longues par semaine conviendront mieux. Écoutez vos préférences et adaptez en fonction de votre emploi du temps et de votre énergie. La meilleure fréquence est celle que vous pourrez maintenir sans qu'elle devienne une contrainte.

N'oubliez pas que l'objectif n'est pas la perfection ou la maîtrise complète. Chaque petit moment passé avec Copilot est une victoire en soi, une pierre qui s'ajoute à l'édifice de votre familiarité avec cet outil. Le chemin compte autant que la destination.

Un aspect souvent négligé dans l'apprentissage est la gestion des interruptions. Il est tout à fait normal que votre pratique soit parfois mise en pause par des événements extérieurs, comme une période chargée au travail ou des vacances. La clé est de ne pas laisser ces interruptions devenir définitives. Prévoyez à l'avance comment vous reprendrez votre exploration de Copilot après une pause.

Une technique simple consiste à noter dans votre agenda ou votre calendrier une date de "retour à Copilot" après une période que vous savez chargée. Cette note agira comme un rappel bienveillant pour reprendre votre pratique quand le moment sera plus propice.

La progression dans l'apprentissage n'est jamais parfaitement linéaire. Vous connaîtrez probablement des jours où tout semble facile et fluide, et d'autres où vous vous sentirez moins à l'aise. Ces variations sont normales et font partie de tout parcours d'apprentissage. L'important est de maintenir une tendance générale positive, sans vous juger lors des moments plus difficiles.

Je vous encourage à observer vos propres préférences d'apprentissage. Certaines personnes progressent mieux avec une structure très définie, d'autres préfèrent une approche plus spontanée. Certains apprennent mieux le matin, d'autres en fin de journée. Adaptez votre plan de pratique à votre style personnel pour maximiser vos chances de succès.

La pratique partagée peut aussi être une source de motivation puissante. Si vous avez un collègue ou un ami qui s'intéresse également à Copilot, pourquoi ne pas prévoir occasionnellement une mini-session commune ? Vous pourrez échanger vos découvertes, vous entraider face aux difficultés et célébrer ensemble vos progrès. Cette dimension sociale rend l'apprentissage plus engageant et plus mémorable.

Pour clôturer cette section sur la planification de votre pratique, je vous invite à commencer dès maintenant, de façon très simple. Prenez 2 minutes pour noter dans votre agenda ou sur un post-it votre premier rendez-vous avec Copilot. Ce petit geste concret transforme l'intention en action et marque le début de votre parcours d'intégration sereine de cet outil dans votre quotidien.

Dans notre prochain chapitre, nous verrons comment surmonter les blocages éventuels que vous pourriez rencontrer dans votre exploration de Copilot. Car même avec la meilleure planification, des obstacles peuvent surgir, et il est utile de disposer de stratégies simples pour les dépasser sereinement.

5.2 Dépasser les Dernières Hésitations et Continuer Votre Apprentissage Serein

5.2.1 Adopter des Stratégies Simples pour Ne Plus Jamais Vous Sentir Bloqué(e)

Le chemin d'apprentissage comporte parfois des obstacles. Même avec la meilleure volonté du monde, vous pourriez rencontrer des moments où vous vous sentez un peu perdu ou bloqué avec Copilot. Ces moments font partie de tout parcours d'apprentissage et ne signifient absolument pas que vous n'êtes "pas fait pour la technologie" ou que Copilot est "trop compliqué pour vous".

Pour vous aider à surmonter ces moments de doute, je vais vous partager quelques stratégies simples et efficaces que j'ai développées au fil de mes années d'accompagnement de personnes comme vous. Ces approches vous permettront de dépasser les blocages sans stress et de maintenir votre progression sereine.

Ma première recommandation est d'identifier précisément la nature de votre blocage. Les difficultés avec Copilot se répartissent généralement en quelques catégories distinctes, chacune appelant une solution spécifique :

- **Blocage technique** : Vous ne savez pas comment réaliser une action spécifique

- **Blocage de formulation** : Vous ne savez pas comment demander ce que vous voulez à Copilot

- **Blocage de compréhension** : Vous ne comprenez pas pourquoi Copilot répond d'une certaine façon

- **Blocage émotionnel** : Vous ressentez une appréhension qui vous empêche d'avancer

Nommer précisément ce qui vous bloque est la première étape pour le surmonter. C'est comme lorsque vous êtes perdu en voiture : savoir si vous avez un problème de direction, de carburant ou de moteur change complètement la solution à adopter.

Face à un blocage technique, la méthode du "petit pas en arrière" s'avère particulièrement efficace. Au lieu de rester figé devant l'obstacle, revenez à la dernière étape que vous maîtrisiez parfaitement. Refaites cette étape, puis avancez très lentement, en observant attentivement chaque élément de l'interface. Souvent, ce ralentissement permet de repérer ce que vous aviez manqué.

Je me souviens de Christine, une assistante administrative de 57 ans, qui n'arrivait plus à faire apparaître le panneau Copilot dans Word. Elle commençait à paniquer, pensant que "tout était cassé". En revenant à l'étape précédente, ouvrir un nouveau document, elle a réalisé que le problème venait simplement du fait qu'elle était en mode "Lecture" qui masque certaines fonctionnalités. Ce petit pas en arrière lui a permis de reprendre confiance.

Pour les blocages de formulation, la technique de la "demande minimale" peut vous sauver. Si vous ne savez pas comment formuler précisément votre demande à Copilot, commencez par la version la plus simple possible. Par exemple :

- "Aide-moi avec ce texte"

- "Peux-tu expliquer ce paragraphe ?"

- "Je ne comprends pas ce message"

Ces formulations basiques permettent d'initier la conversation. Une fois que Copilot vous a répondu, vous pouvez préciser progressivement votre besoin, comme dans une conversation naturelle où l'on affine petit à petit ce que l'on souhaite.

Les blocages de compréhension surviennent quand la réponse de Copilot vous semble inadaptée ou confuse. Ma stratégie préférée dans ce cas est celle des "questions naïves". N'hésitez pas à demander à Copilot d'expliquer sa propre réponse comme si vous étiez un enfant. Par exemple :

- "Peux-tu m'expliquer ta réponse plus simplement ?"

- "Je ne comprends pas pourquoi tu me parles de X, peux-tu clarifier ?"

- "Explique-moi pourquoi cette solution est appropriée pour mon problème"

Ces questions directes et simples forcent Copilot à reformuler et souvent à mieux adapter sa réponse à votre niveau de compréhension.

Pour les blocages émotionnels, qui sont peut-être les plus limitants, j'ai développé la technique du "dialogue intérieur positif". Quand vous sentez monter la frustration ou l'anxiété face à une difficulté avec Copilot, prenez une courte pause et remplacez consciemment vos pensées négatives par des affirmations plus constructives :

Au lieu de penser "Je n'y arriverai jamais", dites-vous "J'apprends progressivement, chaque petit pas compte".
   Remplacez "C'est trop compliqué pour moi" par "Je peux décomposer cela en étapes plus simples".
   Transformez "Je suis nul(le) en technologie" en "Je développe de nouvelles compétences à mon rythme".

Ce dialogue intérieur plus bienveillant crée un espace mental propice à l'apprentissage et à la résolution de problèmes.

Une autre stratégie puissante est celle de la "pause stratégique". Parfois, le meilleur moyen de surmonter un blocage est simplement de s'en éloigner temporairement. Accordez-vous une pause de quelques minutes, ou même quelques heures si nécessaire. Faites autre chose, puis revenez à Copilot avec un regard neuf. Il est étonnant de constater combien de fois la solution devient évidente après cette simple mise à distance.

Pierre, un comptable de 60 ans, était bloqué sur la formulation d'une demande à Copilot pour analyser un tableau de chiffres. Après 20 minutes de frustration croissante, je lui ai suggéré d'aller prendre un café. À son retour, il a immédiatement vu une approche différente qui a fonctionné du premier coup. "C'est comme si mon cerveau avait continué à travailler pendant ma pause", m'a-t-il confié.

La méthode de "l'essai sans enjeu" peut également dénouer bien des situations. Créez un document test ou un email que vous n'enverrez pas, et utilisez cet espace sécurisé pour expérimenter librement avec Copilot. Sans la pression de "bien faire" ou de produire quelque chose d'utile immédiatement, vous retrouverez souvent la fluidité qui vous manquait.

Ne sous-estimez pas non plus la puissance de la "trace écrite". Si vous rencontrez un blocage récurrent ou particulièrement frustrant, prenez quelques notes simples sur :

- Ce que vous essayiez de faire

- Ce qui s'est passé

- Vos questions ou confusions

Cette documentation, même très basique, vous aide à clarifier votre pensée et facilite la recherche de solutions. Elle vous sera également précieuse si vous décidez de demander de l'aide à quelqu'un d'autre.

Une dernière stratégie que je vous recommande chaudement est celle du "petit succès garanti". Si vous vous sentez bloqué sur une tâche complexe avec Copilot, mettez-la temporairement de côté et revenez à quelque chose que vous savez déjà faire. Cette petite victoire vous redonnera confiance et élan pour affronter ensuite le défi plus difficile.

Ces stratégies sont comme une boîte à outils dans laquelle vous pouvez piocher selon vos besoins. Vous n'avez pas à les mémoriser toutes ou à les appliquer systématiquement. Gardez simplement en tête celles qui vous parlent le plus et essayez-les quand vous rencontrez un obstacle.

La clé pour ne jamais rester bloqué trop longtemps avec Copilot tient en un principe fondamental : considérez chaque difficulté comme temporaire et instructive, jamais comme un échec personnel. Chaque blocage surmonté renforce votre compréhension et votre confiance.

N'oubliez pas que votre relation avec Copilot s'inscrit dans la durée. L'aisance vient progressivement, à travers ces petits défis et leur résolution. Comme pour apprendre à jardiner ou à cuisiner, c'est la pratique régulière et la résolution des difficultés qui construisent votre expertise.

Dans notre prochaine section, nous verrons où et comment trouver de l'aide supplémentaire lorsque ces stratégies ne suffisent pas. Car même les plus autonomes d'entre nous ont parfois besoin d'un coup de pouce extérieur, et savoir où le trouver fait partie intégrante de votre parcours d'apprentissage.

5.2.2 Savoir Où Trouver de l'Aide Supplémentaire Simple et Fiable

Même avec toutes les stratégies que nous avons explorées ensemble, vous aurez peut-être parfois besoin d'un coup de pouce supplémentaire. C'est parfaitement normal ! Les questions surgissent souvent lorsqu'on explore un nouvel outil, et savoir où trouver des réponses fiables fait partie intégrante de votre autonomie numérique.

La bonne nouvelle ? Vous n'êtes jamais vraiment seul face à Copilot. De nombreuses ressources simples et accessibles existent pour vous accompagner dans votre parcours d'apprentissage. L'astuce consiste à identifier celles qui correspondent à votre niveau et à vos besoins spécifiques, sans vous noyer dans des explications trop techniques.

Tout au long de mes années de formation, j'ai constitué une liste de ressources que je recommande à mes stagiaires débutants. Ces sources d'aide ont été soigneusement sélectionnées pour leur clarté, leur simplicité et leur pertinence pour des personnes qui, comme vous, font leurs premiers pas avec Copilot.

L'aide intégrée à Microsoft 365 constitue votre premier recours, souvent méconnu mais extrêmement précieux. Microsoft a développé plusieurs ressources directement accessibles depuis vos applications :

- **Le centre d'aide de Copilot** : Accessible en cliquant sur l'icône "?" près de Copilot, il propose des explications simples et des réponses aux questions fréquentes.

- **Les tutoriels intégrés** : Dans certaines applications, vous trouverez de courtes vidéos ou guides qui s'affichent automatiquement pour vous guider.

- **Les bulles d'information** : En passant votre souris sur certaines fonctionnalités, de petites bulles explicatives apparaissent pour vous éclairer.

Ces aides intégrées présentent l'avantage considérable d'être immédiatement disponibles, sans avoir à interrompre votre travail pour chercher ailleurs. Elles sont conçues spécifiquement pour les utilisateurs de tous niveaux et offrent souvent des explications très accessibles.

Le portail de support Microsoft officiel reste une valeur sûre pour trouver des réponses fiables. Pour y accéder simplement :

1. Ouvrez votre navigateur internet

2. Tapez "support Microsoft Copilot" dans la barre de recherche

3. Sélectionnez le premier résultat officiel (généralement avec l'URL microsoft.com)

Sur ce portail, vous trouverez des articles classés par thèmes et par niveau de difficulté. Je vous conseille de filtrer les résultats en choisissant "Débutant" ou "Bases" pour accéder aux contenus les plus adaptés à votre niveau actuel.

Les forums d'entraide entre utilisateurs Microsoft peuvent également constituer une mine d'informations précieuses. La communauté Microsoft Answers rassemble des utilisateurs de tous niveaux qui partagent leurs expériences et s'entraident :

- Les questions y sont souvent posées en langage simple

- De nombreux débutants y trouvent des réponses adaptées à leur niveau

- Les solutions proposées sont généralement testées par plusieurs personnes

Pour une utilisation optimale de ces forums, je vous recommande de :

- Utiliser la fonction recherche avant de poser une nouvelle question

- Formuler votre question de manière aussi précise que possible

- Mentionner que vous êtes débutant pour recevoir des explications adaptées

Je me souviens de Martine, une assistante administrative de 62 ans, qui hésitait à utiliser les forums. "Je n'ose pas poser des questions, les autres vont me trouver ridicule", me confiait-elle. Je l'ai encouragée à essayer, en lui montrant combien de questions similaires étaient déjà posées. Sa surprise fut grande : "Mais il y a plein de gens comme moi qui posent les mêmes questions que j'ai en tête !"

Les vidéos explicatives représentent une ressource particulièrement adaptée aux débutants. Microsoft propose des tutoriels officiels sur sa chaîne YouTube, souvent disponibles en français et conçus pour être accessibles à tous. Ces vidéos ont l'avantage de vous montrer visuellement les actions à réaliser, ce qui peut être plus facile à suivre que des explications écrites.

Pour trouver des vidéos adaptées à votre niveau :

- Tapez "tutoriel débutant Copilot Microsoft" sur YouTube

- Privilégiez les vidéos officielles de Microsoft ou celles de formateurs reconnus

- Commencez par les vidéos courtes (moins de 5 minutes) qui se concentrent sur une seule fonctionnalité

Une astuce que je donne souvent à mes stagiaires : n'hésitez pas à mettre la vidéo en pause régulièrement et à reproduire les actions montrées. Cette approche "voir puis faire" est particulièrement efficace pour ancrer les apprentissages.

Votre entourage professionnel peut également constituer une ressource précieuse et souvent sous-estimée. Dans votre organisation, il existe probablement des personnes-ressources qui peuvent vous aider :

- **L'équipe informatique** : Même si elle semble parfois intimidante, elle est là pour vous aider. N'hésitez pas à leur demander des conseils basiques.

- **Les "ambassadeurs numériques"** : Certaines entreprises désignent des collègues volontaires pour accompagner les autres dans l'adoption de nouveaux outils.

- **Les collègues plus à l'aise** : Repérez autour de vous ceux qui semblent déjà utiliser Copilot et demandez-leur un petit coup de main.

Cette aide de proximité présente l'avantage d'être personnalisée et adaptée à votre contexte spécifique. De plus, elle crée souvent des liens de solidarité bienvenus dans l'environnement professionnel.

Pour les questions plus spécifiques ou techniques, les communautés en ligne spécialisées peuvent vous apporter des réponses plus pointues. Des plateformes comme Reddit ont des sections dédiées à Microsoft 365 et Copilot où vous pouvez poser vos questions. Bien que certaines discussions puissent être très techniques, vous y trouverez aussi des contenus adaptés aux débutants, souvent identifiés par des étiquettes comme "Débutant" ou "Niveau 1".

Les guides pratiques et les livres (comme celui-ci !) constituent également d'excellentes ressources de référence. Ils présentent l'avantage de proposer une progression structurée et de pouvoir être consultés à votre rythme, sans connexion internet. Privilégiez les ouvrages explicitement destinés aux débutants, avec des instructions pas à pas et des captures d'écran.

Lorsque vous recherchez de l'aide supplémentaire, gardez toujours à l'esprit ces principes simples :

- **Privilégiez les sources officielles** : Les informations provenant directement de Microsoft sont généralement les plus fiables.

- **Vérifiez la date des informations** : Copilot évolue régulièrement, assurez-vous que l'aide que vous consultez est récente.

- **Commencez simple** : N'essayez pas de comprendre des explications techniques avancées avant d'avoir maîtrisé les bases.

- **Testez par vous-même** : Après avoir trouvé une explication, essayez de la mettre en pratique pour vérifier si elle fonctionne dans votre cas.

Une méthode que je recommande à mes stagiaires consiste à créer un petit "carnet de ressources" personnel. Il s'agit simplement d'un document ou d'un carnet où vous notez les liens utiles, les astuces que vous découvrez et les personnes qui peuvent vous aider. Ce répertoire personnalisé devient progressivement votre propre guide de référence, parfaitement adapté à vos besoins.

N'oubliez pas que demander de l'aide n'est jamais un signe de faiblesse, mais au contraire une démarche intelligente qui vous permettra de progresser plus rapidement. Comme me le disait Pierre, un cadre commercial de 59 ans initialement réticent à solliciter de l'aide : "J'ai compris qu'en posant des questions, je gagnais finalement beaucoup de temps. Et bizarrement, les gens sont contents de pouvoir aider !"

Il est important de mentionner que Microsoft améliore constamment ses ressources d'aide. Si une explication vous semble peu claire aujourd'hui, il est possible qu'une version plus accessible apparaisse dans les semaines à venir. N'hésitez pas à revenir régulièrement consulter les ressources officielles pour découvrir ces améliorations.

Le voyage d'apprentissage avec Copilot ne s'arrête pas à la dernière page de ce livre. C'est un chemin que vous continuerez à parcourir à votre rythme, en vous appuyant sur les ressources que nous venons d'explorer. Chaque question que vous vous posez, chaque difficulté que vous surmontez vous rapproche un peu plus d'une utilisation confortable et sereine de cet outil.

Je suis convaincue que vous avez maintenant toutes les clés en main pour poursuivre votre exploration de Copilot avec confiance. Vous savez où trouver de l'aide quand vous en avez besoin, et cette certitude est peut-être la ressource la plus précieuse de toutes. Car savoir qu'on peut obtenir du soutien en cas de besoin libère l'esprit et encourage l'expérimentation sereine.

CONCLUSION

Un jour, une participante à l'une de mes formations m'a dit : "Je n'aurais jamais cru que je puisse utiliser l'intelligence artificielle, et pourtant me voilà en train de discuter avec Copilot comme si c'était la chose la plus naturelle du monde." Cette phrase résume parfaitement le voyage que nous venons de parcourir ensemble à travers ce livre. Un voyage qui vous a mené des appréhensions initiales à la découverte de votre propre capacité à utiliser cet outil fascinant.

Regardez le chemin parcouru depuis nos premiers pas. Au début, l'intelligence artificielle et Copilot vous semblaient peut-être intimidants, complexes, réservés aux experts ou aux jeunes générations. L'idée même de "parler" à un assistant IA pouvait paraître étrange ou inaccessible. Ces sentiments sont parfaitement normaux et je les ai observés chez des centaines de personnes avant vous.

Puis, petit à petit, nous avons décomposé cette technologie en éléments simples et compréhensibles. Nous avons repéré l'icône Copilot dans vos applications familières. Nous avons formulé nos premières demandes, résumé des textes, généré des idées, rédigé des emails. À chaque étape, vous avez pu constater que ces actions étaient à votre portée, qu'elles ne nécessitaient pas de compétences extraordinaires ou de connaissances techniques avancées.

Ce qui me touche particulièrement dans l'accompagnement de personnes comme vous, c'est ce moment précis où le regard change. Ce moment où l'appréhension se transforme en curiosité, puis en confiance. J'espère sincèrement que vous avez vécu cette transformation au fil de ces pages, même modestement.

La confiance que vous avez développée n'est pas seulement technique. Elle témoigne de votre capacité à vous adapter, à apprivoiser la nouveauté, à repousser doucement les limites que vous vous étiez peut-être fixées. Cette confiance est précieuse et va bien au-delà de l'utilisation de Copilot.

Votre relation avec Copilot est désormais unique et personnelle. Certains d'entre vous l'utiliseront quotidiennement pour gagner du temps sur des tâches répétitives. D'autres y feront appel ponctuellement, pour des besoins spécifiques comme résumer un long document ou trouver l'inspiration. D'autres encore exploreront progressivement de nouvelles fonctionnalités, à leur rythme. Toutes ces approches sont valables et respectables.

Ce qui compte vraiment, c'est que vous ayez désormais le choix. Le choix d'utiliser ou non cet outil, en fonction de vos besoins et de vos préférences. Vous n'êtes plus dans la position de celui ou celle qui se sent exclu(e) d'une évolution technologique. Vous avez franchi la porte, vous savez de quoi il s'agit, et c'est vous qui décidez jusqu'où vous souhaitez aller.

La technologie évolue constamment, et Copilot ne fait pas exception. De nouvelles fonctionnalités apparaîtront probablement dans les mois et années à venir. Mais rassurez-vous : les bases que nous avons explorées ensemble resteront pertinentes. La façon de formuler une demande, d'évaluer une réponse, d'adapter un résultat à vos besoins... Ces compétences fondamentales vous serviront quelles que soient les évolutions futures.

J'aime comparer l'apprentissage de Copilot à celui de la cuisine. Une fois que vous maîtrisez quelques techniques de base (comment couper, assaisonner, cuire), vous pouvez préparer une infinité de plats différents. De même, avec les compétences que vous avez acquises, vous pourrez utiliser Copilot dans des contextes variés, même si l'interface ou certaines fonctionnalités évoluent avec le temps.

Un aspect que je n'ai pas encore évoqué, mais qui me semble important, est la dimension collective de cet apprentissage. N'hésitez pas à partager vos découvertes avec vos collègues, vos amis, votre famille. Expliquer à quelqu'un d'autre ce que vous avez appris est non seulement gratifiant, mais c'est aussi un excellent moyen de renforcer vos propres connaissances. Et qui sait, peut-être inspirerez-vous d'autres personnes à franchir le pas !

Je me souviens de Michel, un responsable administratif de 60 ans, qui après avoir suivi ma formation, a organisé un petit atelier informel pour ses collègues. "Je n'aurais jamais imaginé être celui qui explique une technologie aux autres", m'a-t-il confié avec fierté. Ce partage de connaissances crée une dynamique positive où chacun peut progresser à son rythme, sans jugement.

La démocratisation des outils d'intelligence artificielle comme Copilot soulève aussi des questions importantes sur leur place dans notre société et notre travail. Certains craignent que ces outils ne remplacent des emplois ou ne déshumanisent certaines interactions. Ces préoccupations sont légitimes et méritent d'être discutées collectivement.

Ma conviction profonde, forgée par des années d'observation sur le terrain, est que ces outils sont plus susceptibles de transformer notre travail que de le remplacer. Ils nous libèrent de certaines tâches répétitives pour nous permettre de nous concentrer sur ce qui requiert vraiment notre intelligence humaine, notre créativité, notre empathie, notre jugement contextuel. Ces qualités restent irremplaçables et sont probablement celles qui nous définissent le plus profondément en tant qu'êtres humains.

Je crois aussi que l'accès à ces technologies ne doit pas créer de nouvelles fractures numériques. C'est pourquoi des ouvrages comme celui-ci, qui visent à rendre ces outils accessibles à tous, me semblent essentiels. Chacun, quel que soit son âge, son parcours ou son aisance technologique initiale, devrait pouvoir bénéficier des avantages que ces outils peuvent apporter dans la vie quotidienne et professionnelle.

Si je devais résumer en une phrase ce que j'espère que vous retiendrez de ce livre, ce serait peut-être ceci : la technologie la plus avancée ne devrait jamais être intimidante, elle devrait être un outil accessible qui nous aide à accomplir ce qui compte pour nous. Copilot n'est qu'un outil, certes sophistiqué, mais un outil tout de même, qui prend sa valeur dans la façon dont vous choisissez de l'utiliser.

Permettez-moi de vous partager quelques réflexions finales qui pourraient vous accompagner dans la suite de votre parcours avec Copilot.

Premièrement, restez curieux mais critique. La curiosité vous permettra de découvrir de nouvelles possibilités, tandis que l'esprit critique vous aidera à évaluer leur pertinence pour vos besoins spécifiques. N'adoptez pas une fonctionnalité simplement parce qu'elle existe, mais parce qu'elle vous apporte une réelle valeur.

Deuxièmement, faites-vous confiance. Vous avez déjà prouvé, en arrivant jusqu'à la fin de ce livre, que vous étiez capable d'apprendre et de vous adapter. Cette confiance en vos capacités d'apprentissage est peut-être le cadeau le plus précieux que ce parcours puisse vous offrir.

Troisièmement, soyez patient avec vous-même. L'apprentissage n'est jamais parfaitement linéaire. Il y aura des jours où tout semblera fluide et d'autres où vous rencontrerez des difficultés. C'est normal et cela fait partie du processus. Chaque petit pas compte.

Je voudrais aussi vous encourager à créer votre propre "carnet de bord Copilot". Un endroit où vous pourriez noter vos découvertes, vos questions, vos réussites. Ce carnet deviendrait progressivement votre guide personnalisé, reflétant votre parcours unique avec cet outil. Il pourrait inclure :

- Les demandes qui ont particulièrement bien fonctionné pour vous

- Les petites astuces que vous avez découvertes au fil de votre pratique

- Les domaines dans lesquels Copilot vous a été le plus utile

- Vos idées pour de futures explorations

Ce carnet serait non seulement un aide-mémoire précieux, mais aussi une trace tangible de votre progression. Pouvoir feuilleter ces pages dans quelques mois et constater le chemin parcouru sera une source de satisfaction et de motivation.

Une question que l'on me pose souvent est : "Jusqu'où devrais-je aller avec Copilot ?" Ma réponse est toujours la même : aussi loin que cela vous est utile et confortable. Pour certains, les usages basiques que nous avons explorés ensemble seront largement suffisants. Pour d'autres, ce livre aura ouvert une porte qu'ils auront envie de franchir pour découvrir des fonctionnalités plus avancées.

Il n'y a pas de bonne ou de mauvaise approche. L'important est que vous vous sentiez maître de vos choix technologiques, que vous utilisiez ces outils de façon consciente et délibérée, en fonction de vos besoins réels.

Si vous souhaitez approfondir votre exploration de Copilot au-delà de ce livre, sachez qu'il existe de nombreuses ressources disponibles, adaptées à différents niveaux. Vous pourriez commencer par consulter le centre d'aide Microsoft, qui propose des tutoriels et des guides utilisateur régulièrement mis à jour. Les forums d'utilisateurs peuvent également être une source précieuse d'astuces et de retours d'expérience.

Je tiens à vous féliciter chaleureusement pour votre persévérance et votre ouverture d'esprit. Vous avez fait le choix de vous familiariser avec un outil qui, bien qu'il soit de plus en plus présent dans notre environnement numérique, peut sembler complexe au premier abord. Cette démarche témoigne de votre volonté de rester connecté au monde qui vous entoure, d'évoluer avec lui plutôt que de le regarder passer.

C'est cette attitude d'apprentissage continu qui, à mon sens, est la clé d'une relation équilibrée avec la technologie. Non pas suivre aveuglément chaque nouveauté, mais choisir consciemment celles qui peuvent enrichir notre vie ou notre travail, et les adopter à notre rythme, selon nos besoins.

En tant que formatrice, j'ai eu le privilège d'accompagner des personnes de tous âges et de tous horizons dans leur découverte des outils numériques. Et j'ai pu constater que les plus belles réussites ne sont pas nécessairement celles des plus jeunes ou des plus technophiles. Souvent, ce sont les personnes initialement les plus réticentes qui, une fois la première appréhension surmontée, tirent le plus grand bénéfice de ces outils.

Je me souviens de Françoise, une assistante administrative de 59 ans, qui au début de ma formation ne voulait même pas toucher à son clavier quand je parlais de Copilot. Six semaines plus tard, elle m'envoyait un email enthousiaste pour me raconter comment elle avait utilisé Copilot pour rédiger une note de service complexe, gagnant près de deux heures sur sa journée de travail. "Je me sens comme si j'avais découvert un super-pouvoir !", m'écrivait-elle.

C'est précisément ce sentiment d'empowerment, cette capacité retrouvée à maîtriser son environnement numérique, qui me passionne dans mon métier. Et j'espère sincèrement que ce livre vous aura apporté, à vous aussi, un peu de ce pouvoir.

Avant de nous quitter, j'aimerais vous laisser avec une pensée qui me guide dans mon propre rapport à la technologie. Les outils numériques, aussi sophistiqués soient-ils, ne sont jamais une fin en soi. Ce sont des moyens au service de nos objectifs humains, de nos aspirations, de notre bien-être. L'intelligence artificielle, malgré son nom impressionnant, n'est qu'un outil de plus dans cette boîte à outils. Un outil puissant, certes, mais qui prend son sens uniquement dans la façon dont nous choisissons de l'utiliser.

Copilot peut vous faire gagner du temps, vous aider à organiser vos idées, faciliter certaines de vos tâches quotidiennes. Mais c'est vous qui définissez à quoi vous consacrez ce temps gagné, comment vous développez ces idées, quelles tâches méritent votre attention. Cette capacité de choix, de discernement, de priorisation selon vos valeurs propres, c'est cela, l'intelligence véritablement humaine.

Alors que vous refermez ce livre et poursuivez votre chemin avec Copilot, je vous souhaite de trouver le juste équilibre, celui qui vous permettra d'utiliser cet outil pour enrichir votre vie numérique sans jamais vous y sentir asservi. Je vous souhaite de l'explorer avec curiosité, de l'apprivoiser avec patience, et de l'intégrer harmonieusement dans votre quotidien.

Notre voyage touche à sa fin, mais votre aventure avec Copilot ne fait que commencer. Elle sera unique, comme l'est votre façon d'utiliser chaque outil numérique. Et c'est cette diversité d'usages, cette appropriation personnelle de la technologie, qui témoigne le plus magnifiquement de notre créativité humaine.

Je vous remercie sincèrement de m'avoir permis de vous accompagner sur ce chemin de découverte. À travers ces pages, j'ai tenté de partager avec vous ma passion pour la démocratisation des technologies, ma conviction que chacun peut s'approprier ces outils à sa façon. J'espère y être parvenue, au moins en partie.

Et qui sait ? Peut-être un jour nos chemins se croiseront-ils à nouveau, autour d'une autre découverte technologique, d'un autre apprentissage. D'ici là, je vous souhaite une exploration sereine et fructueuse de ce nouvel univers que vous venez d'ouvrir. Il vous appartient désormais.

REMERCIEMENTS

Ce livre est né d'une conviction profonde : la technologie, même la plus avancée, devrait être accessible à tous. En accompagnant des centaines de personnes dans leur découverte de Copilot, j'ai eu le privilège de voir leurs visages s'illuminer lorsqu'elles réalisaient : "Je peux le faire !"

Ma gratitude va d'abord à vous, lecteurs courageux, qui avez choisi de franchir cette porte vers l'intelligence artificielle malgré vos appréhensions initiales. Votre volonté d'apprendre m'inspire chaque jour.

Merci à toutes ces personnes qui ont partagé avec moi leurs difficultés face à la technologie, nourrissant ainsi ma compréhension de vos besoins réels. Chaque question "naïve", chaque crainte exprimée a façonné cet ouvrage.

Une pensée particulière pour ma famille qui a patiemment supporté mes longues explications sur Copilot pendant nos dîners.

Si ce livre vous a aidé, n'hésitez pas à partager votre expérience. Votre témoignage pourrait encourager quelqu'un d'autre à oser son premier pas vers cette technologie fascinante.

Marion Michel